跨境电商及其教学实践研究

朱志辉　著

中国商业出版社

图书在版编目（CIP）数据

跨境电商及其教学实践研究 / 朱志辉著. -- 北京 :
中国商业出版社, 2025. 5. -- ISBN 978-7-5208-3427-8

Ⅰ. F713.36

中国国家版本馆CIP数据核字第2025T7G635号

责任编辑：袁　娜

中国商业出版社出版发行
（www.zgsycb.com　100053　北京广安门内报国寺1号）
总编室：010-63180647　编辑室：010-83128926
发行部：010-83120835/8286
新华书店经销
天津和萱印刷有限公司印刷

*

710毫米×1000毫米　16开　8印张　130千字
2025年5月第1版　2025年5月第1次印刷
定价：58.00元

* * * *

（如有印装质量问题可更换）

前　言

随着互联网技术的飞速发展和国际物流体系的日益完善，跨境电商不仅打破了传统贸易的地理界线，更促进了全球资源的优化配置，为中小企业提供了前所未有的发展机遇，同时也极大地丰富了消费者的购物选择。这一领域的蓬勃兴起，不仅要求从业者具备深厚的国际贸易知识、熟练的外语沟通能力，还需精通电子商务运营技巧及跨境法律法规。在此背景下，跨境电商及其教学实践研究显得尤为重要。这不仅关乎如何高效培养适应市场需求的高素质复合型人才，更是推动教育链、人才链与产业链、创新链深度融合的关键。教学实践研究旨在通过深入分析跨境电商的行业动态、市场需求与人才缺口，探索构建一套科学合理的课程体系，将理论知识与实战技能紧密结合，拓宽学生的国际视野、提高学生的创新思维和实操能力。

基于此，本书围绕跨境电商及其教学实践展开研究。首先，剖析跨境电商的内涵、特点、类型、相关术语及发展现状。其次，详细阐述跨境电商的运营模式、平台选择、市场选品与物流优化。在教学实践方面，构建跨境电商课程体系，探讨基于工作过程的专业课程体系和产教融合实训基地建设。再次，研究跨境电商课程教学的多元化模式，包括校企同频、专创融合、OBE 理念的应用等。最后，探索跨境电商人才需求与培养路径，为跨境电商人才的培养提供实践指导。

教育之使命，在于启迪智慧，培育英才，而跨境电商之未来，则需倚重创新与实践并重之人才。期望本书能作为一份参考与启示，鼓励更多教育工作者、研究者及跨境电商从业人员投身于这一领域深耕细作。愿此书成为推动高等教育改革与创新的一股力量，助力培养出既精通理论又擅长实践的跨境电商专业人才，为行业的持续繁荣与国家的社会发展奠定坚实基础，共创辉煌未来。

目　录

第一章 跨境电商理论基础及发展态势

随着全球化的不断深入和互联网技术的飞速发展，跨境电商已成为国际贸易的新形态和经济增长的新引擎。本章将深入探讨跨境电商的内涵、特点、类型及相关术语，为读者构建全面的理论框架。同时，通过分析跨境电商的发展现状和独特优势，揭示其作为新时代贸易方式的巨大潜力和广阔前景。

第一节 跨境电商的内涵阐释

一、跨境电商的含义

跨境电商的含义有狭义和广义之分。[①]

狭义的跨境电商基本等同于跨境零售，是指分属于不同关境的交易主体，借助网络达成交易、进行支付结算并采用快件、小包等邮寄方式通过跨境物流将商品送达消费者手中的交易过程。

广义的跨境电商基本等同于外贸电商，是指分属于不同关境的交易主体，通过电子商务的手段将传统进出口贸易中的展示、洽谈和成交环节电子化，并通过跨境物流送达商品、完成交易的一种国际商业活动。

二、跨境电商与相关概念

跨境电商作为新兴的贸易方式，与传统电子商务及一般对外贸易有着很大的不同。

（一）跨境电商与传统外贸电商的区别

外贸是对外贸易的简称，是指一个国家（地区）与另一个国家（地区）之间进行的商品、劳务和技术交换活动。外贸概念出现的时间很早，甚至我国的

① 孙东亮．跨境电子商务 [M]．北京：北京邮电大学出版社，2018：2.

丝绸之路和非洲的奴隶贸易都可以视为外贸。随着互联网的兴起，外贸电商开始出现。外贸企业开始利用电子商务手段进行产品的销售或者协助产品的销售、推广。

跨境电商和传统的外贸电商有很多区别，具体表现在以下方面。

第一，交易的地域范围不同。跨境电商贸易过程相关的信息流、商流、物流、资金流已由传统外贸电商的双边逐步向多边的方向演进，呈网状结构。

第二，电子商务平台在整个贸易过程中的作用不同。跨境电商将传统外贸的国家（地区）与国家（地区）之间变成了不同的关境之间，也从侧面强调和突出了边境及关税壁垒在对外贸易当中的重要性。外贸电商时代，电商平台是为信息服务的，出口企业更多的是运用电商平台来推广和宣传产品及自身企业，并寻找有意向的买家，了解买家求购信息。跨境电商时代，电商平台是为企业商品服务的，电商平台更多的是把商品直接销售给海外顾客。

第三，交易途径和税费计算办法不同。外贸电商时代，很多交易都是在线下完成的，而跨境电商则开始利用支付信保平台，逐渐在线上直接完成交易。由于外贸电商仍属于传统的一般贸易，因此贸易过程中仍涉及复杂的关税、增值税、消费税及出口退税等各种税费的计算和缴纳。跨境电商时代，政府的扶持力度不断加大，各种保税区不断成立，各项税收的优惠不断增加，很多跨境电商贸易甚至只涉及行邮税。

（二）跨境电商与国内电商的区别

第一，业务环节差异。跨境电商业务环节相对复杂，需要经过海关通关、外汇结算、出口退税、进口征税等环节。在货物运输上，跨境电商通过邮政小包、商业快递等方式出境，货物从售出到到达国外消费者手中的时间较长。因路途遥远，货物容易损坏，且各国物流的派送能力相对有限，日益增长的包裹量也易引起贸易摩擦。国内电商业务发生在国内，通过快递将货物快速送达消费者手中。因路途近，到货速度快，货物损坏概率低。

第二，交易主体差异。国内电商的交易主体一般在国内，国内企业对企业、对个人或者国内个人对个人。而跨境电商交易的主体在境外，可以是国内企业对境外企业、对境外个人或者国内个人对境外个人。由于跨境电商的交易主体遍及全球，他们有不同的消费习惯、文化心理、生活习俗，这就要求跨境电商商家对各国流量引入、推广营销、消费者行为、国际品牌建设等有更深入的了解，其复杂性远远超出国内电商。

第三，交易风险差异。在跨境电商领域，我国知识产权意识相对薄弱，导致国内外市场中充斥着大量无品牌、质量参差不齐的商品以及假货、仿品，知识产权侵犯现象屡见不鲜。在商业环境及法律体系相对健全的国家，此类产品极易引发知识产权争议，随后的司法诉讼及赔偿程序极为烦琐。相比之下，国内的电商活动交易双方对商标、品牌等知识产权有着一致的认识，因此由侵权引发的纠纷相对较少。即使发生纠纷，其处理周期相对较短，且处理方式相对简便。

第四，适用规则差异。跨境电商比国内电商需要适应的规则更多、更细、更复杂。跨境电商除了借助国内平台，还可能在国外平台上开展交易，各个平台均有不同的操作规则。

跨境电商要以国际（地区间）一般贸易协定和双边或多边的贸易协定为基础。跨境电商商家要及时了解国际（地区间）贸易体系、规则、进出口管制、关税细则、政策的变化，相比于国内电商对进出口形势也要有更深入的了解和分析能力。

三、跨境电商兴起的原因

尽管跨境电商在今天仍存在很多问题，但相较于传统外贸存在的过度依赖传统销售、买家需求封闭、订单周期长、利润空间低等问题而言，跨境电商的发展有助于企业合理地布局商品仓库，降低时间成本，能让处于不同国家或者地区的商家以及消费者通过互联网将交易成本最低化，从而达成交易。

（一）跨境电商可提高运营效率

作为基于互联网的运营模式，跨境电商正在重塑中小企业的国际贸易链条。它打破了传统外贸模式下国外进口商、批发商、分销商甚至零售商等渠道的垄断局面，使企业可以直接面对个体批发商、零售商，甚至是直接面对消费者，有效地减少了贸易中间环节、降低了商品流转成本。而节省出的中间环节成本，为企业获利能力提升及让消费者获得实惠提供了可能。

（二）跨境电商便于客户管理

外贸企业原来实行的经营方式多是业务员包揽从客户选择、签订合同、组织货源、验货报关到货款支付的全过程。如此一来，一方面，企业无法全面掌握客户的实际情况，另一方面，业务员掌握着影响企业生存及发展的重要客户资源，一旦业务员流失，企业竞争力便会急剧下降，这不利于企业的长远发展。而在跨境电商模式下，企业的信息化建设使每人每天的工作日程与行动记录都有据可查，所有细节均一目了然，使主动权更多地掌握在企业手中。

（三）跨境电商有利于降低交易成本

在跨境电商模式下，企业可以更广泛地选择供应商，压低进货成本，同时保证进货质量。其进出口具有中间环节少、价格低廉和利润率高等优点，且呈现出良好的发展势头。跨境电商有着以零售为主、交易金额小、商品体积小、交易频率高的特点，而且信息备案可查，便于政府部门监管。跨境电商进一步推动了生产与服务的全球化，使供应商和用户之间的关系更紧密。通过跨境电商平台，企业可以向用户提供全天候的产品和服务信息，大大增加了贸易机会；相应地，用户也可以在全球范围内选择最适合的供应商。这有利于打破国际贸易中那些有形或无形的壁垒。

（四）跨境电商有利于减少外贸企业对基础设施建设的依赖

传统企业开展国际贸易，对基础设施建设有着高要求，如豪华的办公大楼、仓库的建设及其设施设备采购、人员管理等。而在跨境电商模式下，互联网是一种无边界的媒介，互联网的发展使得数字化产品和传输服务盛行。很多中小企业借此可以摆脱库存、基建等实体设施的束缚，实现真正意义上的“零库存”，它们在接到客户订单后，直接向生产企业订货。这让更多的中小企业愿意加入跨境电商的行列。

第二节　跨境电商的特点及类型

一、跨境电商的主要特点

随着跨境电商行业的迅猛发展，其竞争日益加剧，商业模式也开始出现变化。近年来，跨境电商进入整合转型期，其发展逐渐呈现多边化、直接化、小批量、数字化等特点（见图 1-1）。

图 1-1 跨境电商的主要特点

（一）多边化，呈网状结构

传统的国际贸易以两国之间的双边贸易为主，即使涉及多边贸易，也是通过多个双边贸易实现的，呈线状结构。跨境电商可以通过一国的交易平台，实现与其他国家间的直接贸易，打破了传统贸易的地域限制，为国际贸易带来了独特的变革。在这一新模式中，贸易过程中的信息流、商流、物流、资金流逐渐由传统的双边关系向多边关系演变，形成了更为复杂和灵活的网状结构。

跨境电商的发展使贸易各要素在全球范围内更加高效地流动。信息流的快速传播使市场信息更加透明，商家和消费者可以迅速地获取各类商品和服务的信息，促进了更为灵活的市场反应。同时，跨境电商打破了传统供应链的限制，使商品从生产地到消费者手中更加便捷。物流和资金流也更为便利，交易支付、物流配送等环节的效率大幅提高。

跨境电商引领的多边贸易格局，正在重构世界经济的新秩序。相较于传统的线状结构，这种网状结构更加具有弹性，能适应变化，有助于促进全球资源的均衡配置，推动各国经济共同繁荣。跨境电商的兴起为国际贸易注入了新的活力，为经济全球化提供了更为开放和多元化的发展路径。随着技术的不断进步和跨境电商的深入发展，这一新型贸易模式将继续塑造全球经济新格局。

（二）直接化，效率高

在传统的国际贸易模式中，进口商通常会从另一个国家的出口商那里集中采购大宗商品，随后这些商品会经过国内流通企业的多级分销网络，最终送达有需求的企业或消费者手中。这一流程往往涉及烦琐的进出口手续，耗时较长，并且成本相对较高。相比之下，跨境电商利用电子商务交易平台，简化了流程，实现了跨国企业与企业之间以及企业与最终消费者之间的直接交易。

跨境电商的优势在于其简化了贸易环节，提高了整体效率。通过电子商务平台，企业可以直接与海外合作伙伴进行交易，避免了传统贸易中的多层次进出口环节。这种直接交易模式使货物能够快速流通，减少了中间环节，降低了时间成本。此外，跨境电商还通过数字化手段实现了信息的实时传递，使交易双方能够更迅速地响应市场变化和满足相应需求。

跨境电商的成本效益也是其具有吸引力的一大特点。相较于传统贸易，跨境电商的运作成本明显降低。少数的进出口环节和高效的物流链条使货物的运输更加经济便捷，也使企业在运营过程中能够更好地掌握成本控制。这种成本效益不仅使企业能够提供更有竞争力的价格，同时也为消费者带来了更为实惠的购物体验。

总体而言，跨境电商的兴起为国际贸易注入了新的动力。它通过简化流程、降低成本、提高效率，为企业和消费者提供更便利、更经济的贸易选择，助推全球贸易的发展。

（三）小批量，高频率

与传统贸易相比，跨境电商更倾向于企业与企业之间、企业与消费者之间的直接交易。这种交易通常以小批量甚至单件商品的形式出现，与传统贸易的大宗商品交易相比，它有更强的灵活性和个性化选择。

一方面，跨境电商的交易往往是即时按需采购、销售和消费。由于电子商务平台的实时性和便捷性，企业和消费者可以在需要的时候快速进行交易，无需等待长时间的物流周期。这使交易更加灵活，有助于满足不断变化的市场需求。此外，跨境电商的交易次数相对较多、频率较高，与传统贸易的长周期、大批量交易形成了鲜明的对比。

另一方面，跨境电商的高频率交易也为企业和消费者带来了更多的商机和选择。企业可以灵活地根据市场反馈和需求变化进行调整和优化产品，而消费者也更容易获取各类商品和服务。这种交易模式的流行，推动了全球市场的不断变革，促使企业更加注重创新和服务的提升，以适应这一新型的商业生态。

综合而言，跨境电商的直接交易模式，小批量、即时按需以及高频率的特点，为国际贸易注入了更大的灵活性和活力。这种新型交易方式不仅满足了市场的多样化需求，也促进企业快速发展，推动着全球经济的不断创新和变革。

（四）数字化，监管难

随着信息网络技术的深入应用，数字化产品（诸如游戏、软件及影视作品等）的种类与交易量呈现迅猛增长的态势。此趋势在全球范围内越发明显，尤其是通过跨境电商平台进行的数字化产品购销活动。然而，值得注意的是，传统上针对实物商品或服务的国际贸易监管框架，在面对新兴的跨境电商交易，特别是数字化产品的跨境贸易时，已显现出明显的不适应性。这导致此类交易未能被海关及其他相关政府部门有效地纳入监管、统计及税收征收的范畴。

数字化产品的特性决定了它们与传统商品的交易方式存在差异。在跨境电商平台上，数字化产品可以轻松地以电子形式进行销售和传输，不受实物运输的种种制约。这一新兴的贸易模式给全球经济带来了便捷性和高效性，但也给监管方面带来了挑战。

由于数字化产品的特殊性，传统的海关监管体系并未充分考虑这一领域的需求。数字化产品的交易方式复杂多样，涉及虚拟平台、在线支付以及即时下载等过程，这使政府有关部门在监管、统计和关税收缴等方面面临一系列新的问题。缺乏有效的监管手段可能导致贸易数据的不准确和关税收入的遗漏，从而影响国际贸易的公平性和透明度。

为了应对这一挑战，政府和相关国际组织需要共同努力，通过制定创新性的政策和监管框架，以适应数字化产品的跨境贸易。这包括强化数字产品的分类、规范数字化产品的进口和出口程序，以及建立更为智能和高效的监管系统。只有这样，才能更好地实现数字化产品的贸易便利性与监管合规性之间的平衡。

二、跨境电商的类型划分

跨境电商在运营、模式、税收、交易环节等属性上与传统电商和一般对外贸易不同，所以其划分也有很多不同。[①]

① 丁滟湫，童宏祥．跨境电商实务 [M]．上海：上海财经大学出版社，2023：7.

（一）依据市场主体属性划分

依据市场主体属性的不同，跨境电商平台可分为 B2B、B2C 及 C2C。

1. B2B 跨境电商

B2B（Business-to-Business）跨境电商，是企业与企业之间通过互联网跨境，平台进行商品与服务等数据信息的传递，达成交易并完成支付结算、线下物流配送等流程的国际商业活动。B2B 跨境电商的主体一般为大中型企业，提供企业、产品、服务等相关信息，最终客户为企业或集团客户。目前，在跨境电商市场交易规模中，企业级市场仍处于主导地位。

2. B2C 跨境电商

B2C（Business-to-Consumer）跨境电商指的是企业针对个人开展的跨境电商零售活动，是指分属不同关境的企业直接面向个人消费者开展在线销售产品和服务。它的上端卖方是企业，面对的终端消费者是个人。目前我国 B2C 跨境电商在跨境电商整体交易规模中的比重正在逐年攀升，在未来或将迎来大规模增长。

3. C2C 跨境电商

C2C（Consumer-to-Consumer）跨境电商是分属不同关境的个人卖方与个人买方依托第三方平台进行的跨境电子贸易活动。个人卖方对个人买方在线销售产品和服务，是由个人卖家通过第三方电商平台发布售卖的产品和服务的信息、价格等内容，个人买方进行筛选，最终通过电商平台达成交易、进行支付结算，并通过跨境物流送达商品、完成交易的一种国际商业活动。C2C 跨境电商市场一直存在，虽然数量较少，但是其发展的意义重大。

（二）依据平台运营方属性划分

依据平台运营方属性的不同，跨境电商平台可分为第三方开放型平台和自营型平台。

1. 第三方开放型平台

第三方开放型平台通过线上搭建商城，并整合物流、支付、运营等服务资源，吸引品牌商、制造商等商家，经销商等买家入驻，为其提供跨境电商交易服务。平台以收取商家佣金及增值服务佣金作为主要盈利模式，但并不从事商品的购买与销售。一般而言，平台上商品种类较为丰富、网站流量较大，各项服务方便快捷，但不能很好地保障商品的质量。

2. 自营型平台

自营型平台是指通过线上搭建平台，整合供应商资源，以较低的进价采购商品，然后以较高的售价出售商品，其主要以赚取商品差价作为盈利模式。由于商品基本上都是平台自营，商品品质有保障，货源稳定，且配套服务方便快捷，可信度较高。但其总体运营成本较高，平台需要承担退换货、商品滞销等问题，相比第三方开放型平台，存在着较高的运营风险。

（三）依据服务类型或交易流程划分

依据服务类型或交易流程的不同，跨境电商可分为信息服务平台、在线交易平台及外贸综合服务平台。

1. 交易前：信息服务平台

信息服务平台主要是为境内外会员商户提供网络营销平台，展示与传递供应商等商家的商品或服务信息，促进供应商与采购商或买卖双方完成交易。

2. 交易中：在线交易平台

在线交易平台不仅提供企业的产品、服务等多方面信息，还可完成搜索、咨询、对比、下单、支付、物流、评价等环节。在线交易平台模式正逐渐成为跨境电商的主流模式。

3. 交易后：外贸综合服务平台

外贸综合服务平台在交易双方完成了信息服务与在线交易等环节之后，为商户提供物流、通关等流程或全流程一条龙服务，并收取一定的服务费用。

（四）依据进出口货物流向划分

依据跨境电商进出口货物的流向，跨境电商可分为出口型跨境电商和进口型跨境电商。

1. 出口型跨境电商

出口型跨境电商指的是出口企业通过跨境电商平台进行商品展示、完成交易，并利用线下跨境物流渠道将商品出口至境外市场的贸易活动。目前，我国跨境电商以出口型为主。

2. 进口型跨境电商

进口型跨境电商是指将境外的商品通过跨境电商平台销售到我国境内市场的贸易活动。平台一般为自营型，即通过海外买手采购商品并将商品运送至国内保税仓，利用平台上商品的展示促成交易，买方一般为国内的终端消费者。其物流速度相对较快，但一般慢于国内电商。

（五）依据涉及的销售品类划分

依据涉及的销售品类不同，跨境电商可分为垂直型跨境电商和综合型跨境电商。

1. 垂直型跨境电商

垂直型跨境电商包括产品类垂直跨境电商和地域性垂直跨境电商。产品类垂直跨境电商，即平台上所售商品只涉及某个行业或某个细分市场，并在这一领域做大做深，如母婴类、建材类；地域性垂直跨境电商即平台商品只专注销往某一个地域或区域。

2. 综合型跨境电商

与垂直型跨境电商相对应，综合型跨境电商指的是平台上所售商品的品类较全面，种类较多，涉及多个行业的方方面面。

（六）依据盈利模式划分

依据盈利模式的不同，跨境电商可分为大宗 B2B、小宗 B2B 或 C2C、独立 B2C、专业第三方服务平台、外贸综合服务平台。

1. 大宗 B2B（传统跨境大宗交易平台）

大宗 B2B 为境内外会员商户提供网络营销平台，传递供应商或采购商等合作伙伴的商品或服务信息，并最终帮助双方完成交易。这种平台主要依靠收取会员费和营销推广费来获利。

2. 小宗 B2B 或 C2C（综合门户类跨境小额批发零售平台）

小宗 B2B 或 C2C 为独立第三方销售平台，不参与物流、支付等交易环节。其收入来源主要依靠收取交易佣金，此外还包括会员费、广告费等增值服务费。

3. 独立 B2C（垂直类跨境小额批发零售平台）

独立 B2C 为批发零售平台，同时自建 B2C 平台（含物流、支付、客服体系），将产品销往海外。销售收入为其主要的收入来源。

4. 专业第三方服务平台

专业第三方服务平台不直接或间接参与任何过程，而是为行业不同、模式各异的小额跨境电商公司提供后台的支付、物流及客户服务、涉外法律顾问等模块服务。

5. 外贸综合服务平台

外贸综合服务平台为跨境电商商家提供外贸出口一条龙服务，如一达通外贸综合服务平台。此外，国家也有外贸综合服务企业的提法。

第三节　跨境电商的相关术语

一、保税仓备货

在国家政策支持下设立的跨境电商贸易试验区，支持保税进口模式。保税仓是指存放未交关税的商品的仓库，如同境外仓库。当客户购买付款后，向海关申报，海关放行之后，直接从保税仓发货，再收取关税。

保税仓对于跨境电商企业的优势在于能够提高通关速度、减少资金占用量、降低贸易成本，还可以随时转口，享受一定的便捷和免税政策。

二、海外直邮

海外直邮是指货物直接从海外邮寄到买家手中。海外直邮模式类似个人物品直邮入境，不受通关单的限制，由快递公司正常报关、商检（抽查形式），许多时候可以合理避税。受《关于跨境电子商务零售进口税收政策的通知》（财关税〔2016〕18 号）的影响及扩充品类的需求，许多跨境电商企业都建有海外仓或直接从海外供应商发货。海外直邮的货品需要通过两个国家的海关，效率较低，买家一般需要 7 ~ 15 天才能收到物品。

三、一般贸易

一般贸易是指将跨境商品进口至国内，以完税价格出售。这种模式增加了供应链成本的压力，进口程序复杂、周期长，而且完税价格优势较低。其优点在于能够快速发货，不需要买家的身份证信息。

一般贸易货物在进口时可以按一般进出口监管制度办理海关手续，这时它就是一般进出口货物；也可以享受特定减免税优惠，按照特定减免税监管制度办理海关手续，这时它就是特定减免税货物；也可以经海关批准保税，按照保税监管制度办理海关手续，这时它就是保税货物。

四、保税仓税费

对于转运物流公司而言，通关能力（避税能力）是第一要素，几乎所有的转运公司都以个人邮寄物品形式报关。

目前政策规定，跨境电商零售进口商品的单次交易限值为人民币 5000 元，个人年度交易限值为人民币 26000 元。在限值以内进口的跨境电商零售进口商品，关税税率暂设为 0%；进口环节增值税、消费税取消免征税额，暂按法定应纳税额的 70% 征收。超过单次限值、累加后超过个人年度限值的单次交易以及完税价格超过 5000 元限值的单个不可分割商品，均按照一般贸易方式全额征税。

五、备案价

备案价涉及向海关报关的策略，也可以说是一个保险价格。一般情况下，一种方案是报关时需要拿订单向海关报关，如果商品价格变动幅度过大，有可能被怀疑偷税漏税，所以一般保税仓物品不参加优惠幅度较大的活动。另一种方案是设置一个备案价，将订单中商品价格与备案价进行对比，变动幅度过大时，按照备案价去申报。例如，A 商品原价 50 元，“双十一”秒杀活动价 9.9 元，从保税仓出库。由于商品实付金额变化太大，税费差距较为明显，所以这时候就需要用备案价去申报。

六、三单一证的统一

买家下单后，跨境电商企业要向海关备案办理通关手续，核对三单一证（订单、快递单、支付单和身份证）。海关查验通过后，推至保税仓安排发货。

支付单：支付单是指订单对应的支付单。需要有专门从事跨境交易的国内卖家建立的资金账户管理平台，如微信国际支付和支付宝国际支付。

物流单：下单后即时从物流公司获取物流单号，出库的物流单号也用这个物流单号。这需要系统和物流公司对接。

订单：订单的相关信息包括商品信息（价格、数量、税费等）、支付金额（实付金额、优惠金额等）、收货信息（姓名、地址等）。

身份证：要保证收货人姓名和身份证上的姓名一致，未超过限额。

第四节 跨境电商的发展现状及优势

一、我国跨境电商发展的历程

随着全球化和互联网技术的飞速发展，跨境电商已成为国际贸易的重要组成部分，展现出巨大的市场潜力和增长动力。自1999年实现用互联网连接中国供应商与海外买家之后，我国对外出口贸易就实现了互联网化。我国跨境电商的发展经历了1.0时代（1999—2003年）、2.0时代（2004—2012年）和3.0时代（2013年至今）。

（一）跨境电商1.0时代

该阶段体现了信息流的整合，是跨境电商发展的起步阶段。主要代表平台是阿里巴巴，它主要提供企业信息和商品展示的服务。用户获取商品信息后通常采用线下交易的方式进行购买。这一时期平台主要通过向企业收取会员费来获取利益。1.0时代的跨境电商凸显了信息流整合的初步发展，平台更像是一个信息展示的场所。企业通过在平台上展示自身的信息和产品，吸引潜在的买家。用户获取商品信息后，采用传统的交易方式，交易过程往往转移到线下进行。

这一时期跨境电商的交易过程相对简单，相较于后续时代，它注重信息的呈现，但在交易环节的数字化和在线交易方面相对薄弱。然而，正是这一时期的起步，为后续跨境电商的发展奠定了基础，为更高层次的在线交易和全面升级的综合服务铺好了道路。

（二）跨境电商2.0时代

在该阶段，在线交易得以实现。在这一时期，跨境电商平台逐渐实现了集营销、支付、物流和金融于一体的综合服务，这为在线交易提供了更为完善的基础。这一时期主要聚焦于买家之间的交易。

2.0时代的用户具有较强的学习能力和创新意识，他们更加敢于尝试新的交易方式。平台开始服务二手货源的销售，这导致大量的小额订单产生。相比于1.0时代，这一时期的跨境电商平台更注重提供全方位的服务，包括在线支付、高效物流等。这为在线交易的发展奠定了基础，也促进了跨境电商的进一步发展。

2.0时代的跨境电商平台通过引入更多的综合服务，增强了用户体验，为用户提供了更为便捷、高效的交易环境。这一时期的发展极大地提高了交易的数字化水平，使用户可以更灵活地选择商品，实现全球范围内的在线交易。在这一时期，跨境电商逐渐从简单的信息展示平台演变为集多种服务于一体的复合型平台，为3.0时代的跨境电商的发展奠定了基础。

（三）跨境电商3.0时代

该阶段被称为跨境电商的“大时代”。跨境电商全产业链出现了商业模式的变化。跨境电商用户开始向大型工厂、外贸公司转变。用户渐成规模，中大额订单增加，移动用户数量激增。从2.0时代到3.0时代的跨越，与国际贸易环境的变化和国家发展战略密不可分。在国际贸易环境层面，2008年金融危机后，世界经济复苏乏力，各国居民消费和需求疲软，我国商品的海外市场需求大幅减少，加之各国的贸易保护政策，我国对外贸易面临严重挑战。在这样的国际贸易背景下，我国中小型卖家借助跨境电商平台将商品卖向国外，推动跨境电商在我国发展日趋成熟。当前，影响经济增长的主要问题在于结构性矛盾。一方面，国内制造业面临着产能过剩的问题；另一方面，跨境购物（海淘）现象异常火爆。这揭示了国内市场供求关系的不平衡，迫切需要对外贸结构进行调整。面对这样的经济格局，我国政府推出了包括自由贸易试验区和供给侧结构性改革在内的一系列国家战略。这些举措在一定程度上推动了跨境电商的发展，使其成为缓解国内供需矛盾、平衡市场的重要手段。对于供给方而言，跨境电商能够帮助我国的生产者直接接触海外市场，从市场中得到直接的反馈，从而实现供给与需求的有效对接。正是国际贸易环境和国家战略层面的双重影响，促使我国跨境电商步入3.0时代。大量大型工厂、外贸企业涉足跨境电商领域，大型服务商进驻跨境电商产业链，跨境电商的大时代已经到来。

二、发展跨境电商的优势分析

跨境电商凭借多重优势，为全球商家和消费者搭建了便捷高效的交易平台。

（一）跨境电商本身所具有的优势

第一，跨境电商摆脱了地理空间的限制，各国的贸易保护政策对其影响相对较小。外贸企业可以减少海外分支机构的设立，从而大幅降低进入海外市场的成本。这使企业的海外市场得以进一步拓展，即使是小企业也有机会涉足国际贸易。

第二，跨境电商不需要国际贸易中的中间商，而是直接将商品销售给海外消费者，改变了传统外贸模式中大多数利润被中间商攫取的状况。传统的电商形式中最常见的是 B2B 模式，随着大量第三方在线交易平台的建立，跨境电商的交易门槛大幅降低，越来越多的零售商甚至消费者直接参与网上购买和销售过程，减少了中间环节，B2C 模式的优势更加明显。

第三，跨境电商通过直接接入全球市场，能够即时获取丰富的境外市场信息，包括消费者偏好、流行趋势及竞争对手动态等，为企业的市场定位与策略调整提供了精准导航。同时，与海外客户的直接沟通，使企业能够迅速收集用户反馈，不断优化产品和服务。借助大数据与人工智能技术，跨境电商还能实现个性化定制服务，满足国际消费者多元化需求。这种直接互动与快速响应机制，极大提高了企业对境外市场变化的灵敏度，有助于构建稳固的海外客户关系，提升国际竞争力，推动品牌全球化发展。

第四，跨境电商以网络营销取代传统的境外营销手段，不仅大大减少了出国谈判磋商的频次，降低了成交成本，而且借助网络营销的丰富手段和精准定位能够取得更好的营销效果。此外，网络营销还可以绕过当地政府对传统广告营销规定的相关流程，简化营销活动的手续。

（二）我国发展跨境电商的优势

首先，我国的电商平台基本具备规模优势。我国的电商平台经营主体有三种：一是自建电商平台的出口企业。二是为出口企业提供交易服务的电商平台。国内的第三方跨境电商平台发展迅速，如兰亭集势、敦煌网、阿里的速卖通等跨境电商企业发展日趋成熟。尤其是阿里巴巴，近几年在国内的电商市场中获得了巨大成功，组建了国内外市场的大数据资源，获得了国际声誉。三是利用第三方跨境电商平台发展出口的企业。在企业的国际电商化发展尚未成熟，依靠其自身无法完成全部跨境电商环节的情况下，跨境电商离不开电商平台的搭建。

其次，世界市场有巨大的购买需求。一方面，国际市场对我国货物有着强烈的购买欲望；另一方面，跨境电商的订单特点往往是小批量、高频率、直接化，这正迎合了我国大量中小型企业的诉求，它们可以利用电商平台进行形式更加丰富的国际市场营销，并能提供充足优质的货源。我国制造将借助跨境电商平台更加顺畅地进入世界市场。

最后，我国与国际经济联系日趋紧密。跨境电商国际物流在效率和交易成本上都有所提高。目前我国在亚太经济合作组织、东盟、世界贸易组织等国际经济合作组织中的影响力日益增强，国际商贸往来频繁，国内的生产企业可以更便利、更迅速地掌握国际市场的消费需求、国际贸易政策和信息，这都有利于跨境电商的顺利发展。

三、我国跨境电商所面临的困境及解决策略

我国跨境电商企业数量日益增加，其贸易总额在我国对外贸易总额中占据重要的位置，但与此同时，也面临着许多发展中的问题。

（一）我国跨境电商所面临的困境

第一，出口商品低端、专业人才缺乏。我国部分跨境电商企业多以出口日用杂货、服装、玩具等成本低廉、缺乏竞争力的商品为主，在国际市场上备受喜爱，但随着我国劳务成本的不断增加，低价策略反而成为阻碍我国跨境电商发展的一个重要因素。[①] 与此同时，我国近几年跨境电商规模逐步扩大，相关从业人员的数量及专业素质却无法与日益扩大的跨境电商发展规模相匹配。

第二，境外市场复杂、法律纠纷较多。目前，我国跨境电商行业发展相对成熟，但监管机制、法律法规等仍有待完善。从对外贸易的走向来看，大量小微型跨境电商企业选择欧洲、北美等地区作为市场，而这些地区相对非洲等不发达地区来说知识产权监管体系较为完善，监管较为严格，小微型跨境电商企业由于缺乏技术知识支撑，法律意识薄弱，极易陷入法律纠纷，遭受经济损失甚至破产。

第三，物流配套设施不足、支付方式欠缺。在跨境电商发展过程中，物流是电商产品出口的重要组成部分，我国物流仍处于发展中阶段，物流等配套设施的不健全严重阻碍我国跨境电商的发展。跨境电商在企业的交易中属于跨国交易，各个国家的支付方式也存在着差异，从目前来看，大部分跨境电商交易只能通过第三方支付平台进行支付和经营，对第三方支付平台的依赖性较强，导致有相当一部分资金积压在第三方支付平台中。对于资金薄弱的小微型跨境电商企业而言，资金周转不灵的状况时有发生。

---

① 程思静，裴雨．中国跨境电商现状及发展对策分析 [J]. 投资与创业，2022，33（15）：41-43.

（二）促进我国跨境电商发展的策略

1. 加快配套产业建设

在全球供应链中，我国商品种类丰富，但由于物流配送的高成本让许多商品仅仅止步于国门，虽然大量跨境电商平台或者企业通过建立海外仓等方式积极应对，但海外仓建立背后也存在着巨大的成本损失。不管是平台还是中小企业都难以在海外仓的成本和价格优势上取得平衡。针对这一问题，我国应采取相应的措施，大力提升跨境物流、跨境支付和跨境通关等产业配套的成熟度，为我国跨境电商行业的发展奠定基础。特别是需要进一步推动互联网基础设施的完善和全球性物流网络的构建，扩大交易规模，使跨境电商的发展成为推动我国外贸增长提供新动能。

2. 促进国内消费升级

随着我国消费者的消费水平不断提高，其对跨境商品的诉求也随之增加。我国在紧抓国外市场的基础上，应进一步紧靠国内市场，促进国内消费升级，使跨境电商在面临各种公共危机时能及时迅速地作出反应，减少跨境电商企业的损失，为我国跨境电商的发展建立一个稳定安全的环境。

3. 优化产品品类与质量

在全球供应链中，我国部分跨境电商企业没有自己的品牌，更谈不上品牌效应。面对这样的发展困境，我国跨境电商企业应积极改变经营理念，充分了解国外消费者的消费需求和消费偏好，调整产品的设计、研发、生产方式，通过个性化的设计来提高产品附加值，或者通过提高产品的实用性来提高市场竞争力，打造品牌效应。

4. 加大专业人才培养

我国跨境电商作为快速发展的行业，人才缺口较大。目前我国跨境电商从业人员多毕业于电子商务专业、英语专业、国际商务专业等，在跨境电商方面尚无专业化人才。高校在制订培养方案时应加大专业人才的培养，增加专业技能的训练，解决人才供求不足的问题。为适应跨境电商企业发展需求，政府应充分发挥引导作用，出台相应政策推动跨境电商、英语等专业的复合型人才的培养。跨境电商企业更应发挥主观能动性，积极吸纳英语专业、跨境电商专业等人员，对其进行有针对性的培养，以提高人才的忠诚度，从而为企业发展奠定良好的技术基础和专业基础。

第二章　跨境电商运营与物流管理优化

跨境电商的运营与物流管理是确保交易顺畅、提升客户体验的核心环节。本章将详细阐述跨境电商的运营模式、进出口流程以及平台选择策略，为从业人员提供实用的操作指南。同时，对市场选品与产品推广的技巧进行深入探讨，以助力企业精准定位市场、扩大品牌影响力。在物流管理方面，本章将提出优化方案，旨在降低物流成本、提高物流效率，为跨境电商的稳健发展提供有力支撑。

第一节　跨境电商运营模式及进出口流程

一、跨境电商的经营模式

跨境电商的每种经营模式都蕴含着独特的商业智慧与市场策略，展现着多样化的特点。

（一）第三方跨境电商平台模式

第三方跨境电商平台模式提供统一的销售平台，平台一方是作为卖家的国内外贸企业，另一方是作为买家的海外消费者。速卖通、敦煌网、易唐网、贝通网、联畅网等都属于这类外贸零售交易平台（外贸中小型企业第三方平台）。第三方平台提供方是为外贸企业自主交易提供信息流、资金流和物流服务的中间平台，它们不参与物流、支付等中间交易环节，而是在交易价格的基础上增加一定比例的佣金作为收益。

第三方跨境电商平台以其稳定的运营、完善的物流体系及支付平台而著称，并拥有雄厚的实力。这些平台通常不收取年费，而是从交易中抽取一定比例的佣金。因此，小微企业和新兴企业往往倾向于选择第三方跨境电商平台来开展国际贸易业务。第三方跨境电商平台模式的优势在于它为供应商提供了大量自主上传产品的渠道，打破了网站后端供货的限制。然而，随着市场竞争的加剧和商家数量的持续增长，第三方跨境电商平台必须不断提升其功能和服务，以便更好地满足用户的多种需求。

（二）自建跨境电商平台模式

自建跨境电商平台模式指的是生产制造企业利用电子商务平台直接与国际市场上的消费者进行出口贸易。例如，兰亭集势、米兰网、帝科思、兴隆兴、大龙网等企业，它们作为供应商直接与外贸企业建立联系。这些企业直接向外贸企业采购商品，买断货源，随后通过自建的 B2C 外贸平台将产品销售到海外市场，其收益主要是商品销售的利润。另外，这些企业本身也作为独立的销售商运作。

（三）外贸电商代运营服务商模式

外贸电商代运营服务商模式是指服务提供商不直接参与任何电子商务的交易过程，而是为从事跨境电商的中小型企业提供不同的服务模块，如市场研究模块、营销商务平台建设模块、海外营销解决方案模块等。服务提供商帮助外贸企业直接把商品销售给国外零售商或消费者还能够提供一站式电子商务解决方案，并能帮助外贸企业定制个性化电子商务平台。其盈利模式以赚取企业支付的服务费用为主。

外贸电商第三方平台竞争日渐激烈，多数卖家都会选择平台收费功能，或者通过广告对产品进行推广，但成本比较高。另外，随着自建 B2C 外贸平台的增多，小微企业的发展压力越来越大。越来越多的外贸企业将谋求独立，建设自有外贸网站，这对于致力于提供外贸网店建设、外贸零售解决方案的服务提供商来说是个很好的发展机遇。建设独立外贸网站具有以下优点。

第一，设计自由，展示实力。独立外贸网站可以根据产品特点和风格进行设计，实现个性化特点，突出产品特色，摆脱第三方平台中不合理的规则限制，弥补模式单一的不足，能够很好地体现企业的实力，赢得买家的信任。

第二，推广容易。独立外贸网站拥有独立域名、独立 IP、独特的风格与名称，容易利用搜索引擎、社会化媒体营销等方式进行推广，并且流量直接指向自己的网站，能产生直接的效果，客户被抢走的概率也较小。

第三，功能丰富。独立外贸网站拥有强大的功能，如通知朋友、折扣券、账号管理、产品评价、促销、站点地图等，解决了众多难题，有效地促进了外贸业务的发展。

第四，节约成本。由于如今平台卖家竞争日益激烈，卖家的广告费、推广费不断增加。相比较而言，建设独立外贸网站比较节约成本。目前，很多外贸企业在选择继续借势第三方平台的同时，也在建设独立的自有外贸网站。利用第三方平台挖掘客户资源，把客户吸引到自己的外贸网站上，这样既有利于节约成本，又有利于企业的品牌建设。

二、跨境电商进出口流程

（一）跨境电商进口流程

跨境电商进口流程需要多个步骤的紧密配合，以确保商品能够合法、安全、快速地进入国内市场。

1. 备案

备案是跨境电商进口流程的首要步骤，也是确保后续流程顺利进行的基础。企业须向相关监管机构（如海关、检验检疫等部门）提交必要的资质证明文件，包括但不限于企业营业执照、税务登记证、对外贸易经营者备案登记表等。此外，对于特定商品，如食品、化妆品等，还需提供相应的安全许可证或备案凭证。备案是为了确认企业的合法经营资格以及商品是否符合国家进口要求，为后续清单申报奠定坚实基础。

2. 清单申报（三单信息汇总）

在境内消费者完成支付后，跨境电商企业将订单信息发送至服务平台进行申报；支付企业将订单支付信息发送至服务平台进行申报；跨境物流企业将对应的与跨境贸易有关的舱单信息（含运单信息）发送至服务平台进行申报。服务平台集齐三单信息后，自动生成清单供有报关报检资质的企业进行申报。清单经相关监管机构（海关、检验检疫等部门）审核后，若无异常，则进入终端配送环节。

3. 平台审单

平台审单分为电子审单和人工审单。根据审单规则（包括企业分类管理参数等风险参数），进入电子审单和人工审单的清单，处理结果包括审单通过、退单。清单申报后，系统首先进入电子审单环节，电子审单完成后，对于有潜在风险的物品，由海关、商检人工审核。审单结果包括暂存（退单）、审单通过、检验查验、放行等。退单原因通常包括收货人信息备案异常、“三单”比对不成功、订单不存在、个人信息验核不通过导致系统自动退单、订单中的收货人国别与清单中不一致，以及担保金预扣失败或余额不足等。

4. 机检查验、放行

审单完成后，通知海关、商检人员把货品放进 X 光进行机检。监管场所运营人员对包裹物流单逐一进行扫描，对申报货物进行同屏对比，机检正常则自动放行，机检异常时对相应的包裹进行线下查验处理。监管科查验人员和商检科查验人员分别对包裹实施拆包查验，查验完毕后记录查验结果。查验结果包括查验放行、改单、删单、移交缉私处理等。

机检完毕后，在通关服务平台清单查询中查询每一单的海关、商检指令状态，确保每一单指令均为放行。

（二）跨境电商出口流程

跨境电商出口流程，作为国际贸易的另一重要方面，同样涉及多个复杂环节。它旨在促进中国商品走向世界，提升国际竞争力。

1. 备案

在商品出口前，电商平台、电商企业、支付企业、物流企业需要在海关企业管理系统中进行备案。跨境电商平台还需将预售商品在跨境通关平台进行备案。

2. 联网申报

在消费者完成支付后，电商平台、支付企业、物流企业分别将电子订单、支付凭证、物流运单的电子数据发送到跨境通关平台。电商企业将零售商品运抵海关监管区后，电商企业或代理报关企业向跨境通关平台申报出境清单。跨境通关平台将出境清单与电子订单、支付凭证、物流运单及商品备案信息进行比对。比对成功则自动审结，比对不成功则转人工审核。

3. 便捷通关

审核通过后，跨境通关平台将数据下发至快件现场分拣设备进行实货核放。得益于国际合作与互认机制以及海关部门的不断创新，许多国家和地区为跨境电商提供了专门的通关通道和优惠政策，这包括简化报关手续、缩短通关时间、降低关税成本等。企业只需按照既定流程提交相关文件，即可享受快速通关服务，大大提高了出口效率。

4. 快速验放

工作人员通过快件现场分拣设备，对出口商品进行快速验放。对无须开箱查验的商品，同屏比对无误后，直接放行；对需要开箱查验的商品，转人工查验。

5. 汇总申报

在汇总申报周期内，电商企业对已离境放行未汇总的出境清单进行汇总，跨境通关平台按照业务规则归并生成出口报关单，通过电子口岸向海关进行申报，海关自动审核结关。电商企业凭报关单证明联向相关部门办理结汇、退税等手续。

第二节　跨境电商的常用平台与选择

一、跨境电商的常用平台

跨境电商平台作为连接全球买家与卖家的桥梁，在国际贸易中发挥着举足轻重的作用。

（一）常见的跨境出口电子商务平台

1. 亚马逊平台

亚马逊（Amazon）是美国最大的一家电子商务公司，位于华盛顿州的西雅图。它是最早开展电商经营活动的平台之一，也是世界上规模最大的电商公司。

2014 年 10 月 30 日起，亚马逊美国、德国、西班牙、法国和意大利开通直邮中国服务。此外，亚马逊“海外购”服务开始试运行。亚马逊平台没有任何拍卖模式服务，产品只能以定价方式销售。个人和企业都可以在其平台上开店，而且允许卖家销售二手产品。

中国卖家可以在亚马逊平台上注册卖家账号，其账号分为自注册和全球开店两种模式。

自注册是直接通过亚马逊对应站点开店，通过 Sell on Amazon 的相关网页完成注册，比较简单，有 VISA 或者 MasterCard 信用卡即可完成注册。但这一模式对于卖家每月的销售数量有限制，不能超过 50 单，超过则需要缴税。

全球开店是亚马逊根据发展需要针对中国卖家群体推出的一种模式。卖家可以用中国公司（包括内地和香港的公司）、新加坡公司进行申请注册。在申请阶段，有亚马逊中国招商团队的专门客服对接指导，协助完成账号申请和前期的基本操作。

在所有的跨境电商第三方平台中，对卖家要求最高的是亚马逊，它不仅要求卖家的产品质量要有优势，而且必须有品牌。亚马逊鼓励消费者自助购物，将对于售前客服的需求降到最低，这就要求卖家提供非常详细、准确的产品详情信息。

亚马逊的一大特色服务是支持货到付款，并且拥有自己的付费会员群体——亚马逊 Prime。每年支付 99 美元的会员费，亚马逊 Prime 会员不仅能享受免运费 2 日送达服务（个别商品除外），还能够通过亚马逊网站观看约 4 万部电影、电视剧，并享受约 50 万本 Kindle 电子书的借阅服务。

亚马逊的另一特色服务是亚马逊仓储物流（Fulfillment by Amazon，FBA），为商户提供物流和仓储的配套服务，并收取一定的费用。要使用亚马逊物流服务，卖家需要自行将商品进口到开店的各个海外国家，并储存在相应的亚马逊物流中心，由亚马逊来完成当地国的订单配送。虽然FBA 的收费标准高于一般的仓储公司，但由于FBA 在买家中拥有较高的认可度，不少卖家都愿意支付更多的钱来选择FBA。在同等条件下，FBA 卖家的曝光度也高于普通卖家，抢到购物车的概率也更高。

2. 速卖通平台

速卖通（AliExpress）于 2010 年 4 月正式上线，是阿里巴巴旗下唯一面向全球市场的在线交易平台，被广大卖家称为“国际版淘宝”。速卖通面向海外买家，通过支付宝国际账户进行担保交易，并使用国际快递发货。它是全球第三大英文在线购物网站，我国最大的出口 B2C 电子商务平台，主要交易市场在俄罗斯、美国、西班牙、巴西、法国等国家。

速卖通是阿里巴巴为帮助中小企业接触终端批发零售商，实现小批量，多批次，快速销售，拓宽利润空间而全力打造的集订单、支付、物流于一体的外贸在线交易平台。速卖通在阿里巴巴公司的保障下，利用阿里巴巴成熟的电子商务体系，为中国卖家提供对外贸易全流程服务，帮助中国卖家精准地寻找海外客户。

速卖通最大的特点是“价格为王”，卖家的产品有较高性价比。同时，速卖通非常重视营销推广。该平台免费为卖家提供四大营销工具，即限时限量折扣、店铺优惠券、全店铺满立减和全店铺打折。卖家可付费参加平台的直通车活动，在短时间内获得大量的曝光和流量。买家也可按照有效点击数来付费，费用高低与推广评价及出价相关。

3. Wish 平台

Wish 成立于 2011 年 12 月，总部位于美国硅谷，是一家移动 B2C 跨境电商平台。这匹从移动端突围的黑马，用两年的时间便创造了超过 1 亿美元的平台交易额。Wish 根据用户喜好，通过精确的算法推荐技术，将商品信息推送给感兴趣的移动用户。Wish 开启了手机端购物的新境界，瀑布流推送的特点让 Wish 商户在运营技巧的掌握上开辟了另一种视野。

Wish 最大的特点是专注于移动端购物。Wish 的成功在于它抓住了移动电子商务发展的红利，通过大数据算法，了解用户偏好，并据此将相关商品推荐给用户。为了让消费者尽可能快地消费，Wish 淡化了品类浏览和搜索，去掉了促销，专注于关联推荐。Wish 会随时跟踪用户的浏览轨迹以及使用习惯，进而给用户推荐相应的商品。这样，不同用户在Wish App 上看到的界面是不一样的，同一用户在不同时间段看到的界面也是不一样的。Wish 通过智能化推荐技术，与用户保持一种无形的互动，从而增加了用户黏性。

4. 敦煌网平台

敦煌网成立于 2004 年，于 2005 年正式上线，是全球领先的在线外贸交易平台，是中国第一个 B2B 跨境电商平台。敦煌网开创了为成功付费的在线交易模式，采取佣金制，免注册费，只在买卖双方交易成功后收取费用。敦煌网一直致力于帮助中国中小企业通过跨境电商平台走向全球市场，开辟一条全新的国际贸易通道，让在线交易变得更加简单、更加安全、更加高效。

敦煌网采用电子邮件营销模式，低成本高效率地扩展海外市场，其自建的 EDMSYS 平台，为海外用户提供了高质量的商品，使用户可以自由订购商品，第一时间了解市场最新供应情况。在敦煌网上交易的客户，大多是一些零售商和小批发商，主做外贸生意。他们在敦煌网上下订单，通过Paypal 账户结算。这些订单的金额都不大，只有几百或几千美元。敦煌网通过向买家收取交易提成获利。卖家在平台可以享受免注册费、免费认证、免产品登录费、免产品展示费等优惠，买家付款后，卖家就可以通过快递将商品送到买家手中。

敦煌网最大的特点是完善的在线交易环境和配套的供应链服务。敦煌网整合跨境交易涉及的各个环节，并将其纳入自身的服务体系。这种基于专业化分工的整合，将买卖双方从繁杂的交易过程中解放出来，使复杂的跨境贸易变得相对简单。更为重要的是，敦煌网提供的各项服务，通过集合效应大大降低了交易双方的成本。

敦煌网还提供特有的拼单砍价服务，如同一时间会有许多货物发往同一地方，敦煌网便会将相关信息收集起来将这些货物一起发送，帮助互不相识的客户将货物拼到一个集装箱运输，以降低成本。

（二）常见的跨境进口电子商务平台

1. 天猫国际

天猫国际于 2014 年 2 月 19 日上线，是阿里巴巴为国内消费者直供海外原装进口商品的购物平台。入驻天猫国际的商家均为中国大陆以外的公司，具有海外零售资质。销售的商品均原产于或销售于海外，通过国际物流经中国海关正规入关。所有天猫国际入驻商家，平台将为其店铺配备旺旺中文咨询，并提供国内的售后服务，消费者可以像在淘宝 App 里一样使用支付宝购买海外进口商品。物流方面，天猫国际要求商家 120 小时内完成发货，14 个工作日内送达，并保证物流信息全程可追踪。梅西百货、卓悦网、东森严选等海淘平台陆续在天猫开设海外旗舰店。

品质的升级、身份的蜕变以及体验的新颖化使天猫国际愈发受到消费者的青睐，尤其是依托于阿里巴巴电商体系，天猫国际逐渐占据了跨境进口电子商务平台的领先地位。

2. 洋码头

洋码头成立于2009 年，是我国较早出现的海外购物平台，满足了中国消费者不出国门就能购买到全球商品的需求。洋码头App 拥有首创的“扫货直播”频道。特色频道“聚洋货”，会集全球各地知名品牌供应商，提供团购项目，认证商家一站式购物，保证海外商品现货库存、全球物流护航直邮。

为保证海外商品能安全、快速地运送到消费者手上，洋码头自建立以来就打造了跨境物流体系——贝海国际。目前，洋码头全球化布局已经完成，在海外建成纽约、洛杉矶、旧金山等十大国际物流仓储中心，并且与多家国际航空公司合作实施国际航班包机运输，大大缩短了国内消费者收到国际包裹的时间。

2013 年 12 月，洋码头“扫货直播”首创的海外卖场扫货场景式购物模式让国内消费者体验了真实的海外现场血拼。这种同步的海外购物 C2C 模式，是指买手实时发布商品和直播信息，消费者如有兴趣可直接付定金购买。这种模式提升了消费者的现场体验，增强了消费者对购物的参与感和紧迫感。

洋码头的“社区”频道，会定期推出专题，传递最新的流行时尚资讯；更有来自全球各地爱秀爱美的用户，实时晒出扫货“战利品”，分享其购物心情和攻略。在这里，用户可以找到志同道合的朋友，享受海外购物的乐趣。同时，在社区中也活跃着一批达人，达人们定期分享自己在穿衣搭配、美妆护肤等方面的心得，并推荐相关海外商品。如果对产品有疑问，用户还可以通过评论与达人互动。分享与互动，不仅引起了大家对海外商品的兴趣，也增强了用户对洋码头的黏性。

3. 网易考拉

网易考拉是网易旗下以跨境业务为主的综合型电商平台，诞生于2015年1月，在美国、德国、意大利、日本、韩国、澳大利亚、中国香港、中国台湾等国家和地区设有分公司或办事处。销售品类涵盖母婴、美容彩妆、家居生活、营养保健、环球美食、服饰箱包、数码家电等。网易考拉以100%正品、天天低价、7天无忧退货、快捷配送为保障，为消费者提供海外商品购买渠道。深入产品原产地直采高品质、适合中国市场的商品，从源头上杜绝假货，保障商品品质的同时省去诸多中间环节，直接从原产地运货，在海关和国检的监控下，储存在保税区仓库里。

网易考拉主打自营直采，成立专业采购团队深入产品原产地，并对所有供应商的资质进行严格审核，同时设置了严密的复核机制，进一步保证了商品的安全性。由于是自营模式，网易考拉拥有自主定价权。这不仅降低了采购成本，还关注了中国消费者对价格的敏感。

对于海外厂商，网易考拉提供跨国物流仓储、跨境支付、供应链金融、线上运营、品牌推广等一整套完整的保姆式服务，帮助他们扫清了进入中国的障碍，解决了独自开拓中国市场面临的语言、文化差异、物流运输等问题。

二、跨境电商平台的选择标准

在全球化贸易日益深化的背景下，跨境电商正以前所未有的速度发展。然而，对于初涉跨境电商业务的新手而言，如何在众多平台中作出明智选择，成为决定其能否成功踏入国际市场并持续发展的关键。

（一）依据目标市场进行选择

跨境电商的首要任务是明确目标市场。不同平台在全球范围内的市场覆盖面和用户群体存在显著差异，因此，根据企业的市场战略规划，选择与目标市场高度契合的平台至关重要。以欧美市场为例，亚马逊、eBay 和 Wish 等平台凭借其深厚的市场基础和庞大的用户群体，成为进军欧美市场的首选。亚马逊作为全球最大的在线零售商之一，其在欧美市场的品牌认知度和用户忠诚度极高，适合追求品牌建设和长期发展的企业。eBay 以其拍卖和二手交易特色吸引了大量寻求独特商品和二手交易的消费者。Wish 则通过移动端智能推荐系统，满足了年轻消费者对性价比高、时尚新颖商品的需求。相比之下，若目标市场定位于俄罗斯、巴西或亚洲等某些新兴市场，速卖通则因其在这些地区的广泛影响力而成为更优选择。

（二）依据产品特性进行选择

不同平台对产品类型、品质、价格等有着不同的要求和偏好，企业需根据自身产品特点寻找最匹配的平台。速卖通以其价格敏感性和供应链效率著称，适合能够提供低成本、高性价比商品的卖家，尤其是那些能够直接从工厂发货，减少中间环节的商家。亚马逊则强调产品品质和品牌，对供应商的选择极为严格，适合拥有稳定供应链、高品质产品和较强研发能力的企业。eBay 虽然也重视产品质量，但其较长的审核周期和对售后服务的严格要求，意味着卖家需具备高效的问题解决能力和良好的客户服务体系。Wish 则因以移动端为主的销售模式，更适合那些设计新颖、价格亲民、易于冲动购买的商品。

（三）依据平台入驻规则进行选择

在几大主流平台中，敦煌网由于免注册费，没有入驻门槛，适合初涉跨境电商的卖家开展尝试。速卖通和 Wish 的门槛也较低，而亚马逊和 eBay 的规则比较复杂，入驻门槛较高，开店比较复杂，并且有非常严格的审核制度，如果违规或者不了解规则，不仅会有封店的风险，甚至会有法律上的风险。亚马逊需要卖家用一台电脑专门登录亚马逊账号，而且一台电脑只能登录一个账号，不然跟规则有冲突。这对于亚马逊的店铺政策和后期运营都非常重要。此外，亚马逊店铺产生的销售额全部保存在亚马逊自身的账户系统中，要想把钱提出来，必须持有美国本土银行卡。

第三节　跨境电商市场选品与产品推广

一、跨境电商选品

跨境电商选品是指在明确平台定位的基础上，深入探究拟开发产品所属行业的出口状况，以获取供需市场的全面认知。运用数据分析工具，进一步洞悉目标市场的消费趋势，最终结合供应商市场情况，进行有针对性的产品开发。产品选择的恰当性，是直接关系跨境电商贸易成功与否的关键因素。

（一）跨境电商选品的内涵

从市场的角度看，选品即选品人员从供应市场中选择适合目标市场需求的产品。选品人员一方面必须把握用户需求；另一方面要从众多供应市场中选出质量、价格和外观最符合目标市场需求的产品，最终实现供应商、客户、选品人员三者共赢的结果。从用户需求的角度看，选品要满足用户对某种效用的需求，如给生活带来方便、满足虚荣心、消除痛苦等。从产品的角度看，选出的产品应在外观、质量和价格等方面符合目标用户需求。由于需求和供应处于不断变化之中，因而选品也是一个无休止的过程。

适合开展跨境电商的产品需要同时具备以下条件：市场潜力大，利润较高，具有快速消费品的特性；产品体积小、重量较轻、易于包装、不易破碎；便于操作，不需要组装、安装；不需要售后服务或售后服务简单；有自己独特的产品设计、包装设计；产品不得违反本国和目的国的法律法规。

（二）跨境电商选品的策略

跨境电商成功的第一步在于选品，正确的选品需要了解企业自身的产品优势、目标客户群体、目标市场群体、现有竞争对手的市场竞争力、产品的盈利能力和产品的销售后服务等。跨境电商的选品是一项非常细致且严谨的市场调研工作，纳入分析的数据一般分为外部数据和内部数据。外部数据是指来自企业外部的数据，如行业市场、类似产品公司销售情况、市场反馈等。内部数据是指企业内部根据企业经营发展的需要和发展目标，在经营过程中产生的数据信息。只有在充分掌握外部数据和内部数据的信息之后，才能有针对性地作出科学、正确且有效的决策，选出销路好、回报高的产品进行销售。

从内部和外部数据分析结果可以看出，要想选择一个能做得出来的产品，可以从货源、市场、热门类别等方面来选择。

1. 从货源角度来选择

涉及货源的角度主要有两个方面：价格和对货源质量的把控情况。

（1）从价格角度考虑。产品价格是买卖双方考虑的首要问题，对于跨境电商产品的价格，由于要考虑到各种税费，总体单品价格适宜选在 50 ~ 500 美元。首先，在进行跨国交易时，必须充分考量国际运输费用。如果产品单价偏低，而运费却远超产品价格，那么消费者在进行购买决策时，往往会迟疑。在其他同类产品的吸引下，他们很可能转而选择其他商家的产品。另外，若产品单价设置过低，商家的利润空间势必受到严重压缩。即使成功完成一笔交易，所获得的收益可能低于快递费用，这无疑会让商家感到不悦，进而削弱其继续经营的意愿。更为严重的是，过低的产品价格和微薄的利润，还容易引发其他竞争者的模仿和跟风，从而扰乱整个市场秩序。此外，如果产品单价过高，比如奢侈品等贵重物品，客户在选择是否购买时，会与实体店形成一种潜在比较，就很难形成信任关系，快速作出订购决定。

同时，产品的售价要有足够的利润空间，只有足够的利润空间才能支撑企业整个销售链条，所以，在确定某个产品的售价区间时，必须要有足够的利润空间。

（2）从货源质量的把控情况角度考虑。销售的本质在于通过提供优质产品以换取相应利益。若无法有效把控所销售产品的质量，对即将发送给消费者的产品品质缺乏保障，那么销售工作的成功便无从谈起。对于跨境电商而言，其运营的基础完全建立在信誉之上。一旦销售假冒伪劣产品、质量不合格的商品，或是所售商品与描述严重不符，必将导致大量客户的流失，甚至可能面临平台封店的严厉处罚。如此结果，必然会使双方遭受重大损失。因此，商家在精选产品的同时，必须严格把控产品质量，以确保销售活动能够形成良性循环，从而不断壮大、持续优化。

2. 从市场角度来选择

从市场的角度选择产品，就需要综合考虑国内外市场由于地域文化的差异、消费习惯的不同、主流推广平台的不同等因素在产品消费方面的发展趋势。在充分了解市场需求的前提下，做好市场细分，可以从地域、年龄、消费能力、消费倾向性、消费品位等方面综合考虑。

在决定选择某样产品进行推销之前，一定要对这个产品有所了解。对于它的性能、价格、市场需求情况及国外对这个产品的需求、价格、市场供应情况等，都要有所了解。只有对产品和市场有敏锐的洞察力，才能精准满足买家的心理需求。

在确定产品后，需对该产品的市场情况进行深入研究。首先是调研国内市场，因跨境电商与国内的电商平台相似，均需对文化、地理、消费习惯等因素进行考察。这些方面的考察，与国内市场的调研在本质上并无明显差异。随着国际交流方式的日益丰富，消费者的消费习惯也较易掌握。其次是考虑如何提升产品及网站的曝光率，只有有了流量，订单自然会产生。当然，在研究国内电商平台时，同样需要关注消费者的消费习惯、产品特性以及目标客户群体等多方面特征。至于国外客户，由于地理与文化的差异，在初涉跨境电商时，商家可能并不熟悉他们，甚至在逐渐了解国外客户的消费习惯时，感到惊讶或难以置信。有时，在国内备受追捧、热销至极的商品，在国外却无人问津，而某些在国内冷门的商品，却在国外成为热销爆款。鉴于全球有众多国家，每个国家都拥有独特的地域文化、风俗习惯、文化背景等，因此，对于某种产品究竟适合哪个国家、哪个地区、哪个年龄段的消费者，需从不同角度进行深入细致的研究。

此外，商家在选择推广平台的时候，也需要根据不同的产品、不同的市场、不同的消费对象来确定。比如，eBay 平台比较适合发达国家和地区，优势在于它拥有一些特色的产品，对产品质量要求相对较高，但是价格不占优势。速卖通比较适合发展中国家、欠发达国家，它的优势就是可以利用价格优势吸引更多客户。同时，速卖通另一个优势在于即使是单一品类，它的供应链也是非常齐全。对卖家要求最高的要数亚马逊，它对产品质量要求极高，致力于集中优势品牌做最好的平台。如果想选择亚马逊，就必须有品牌意识，以高质量的产品建立品牌，以品牌换利润。

当然，这些考虑因素都可以直接和间接了解到。但不管是通过哪种方式获得，都要对所有信息进行仔细、深入的分析，特别是在不能去国外实地考察的情况下，一定要关注客户和市场的反映情况，作好记录，总结经验教训。更为有效且说明问题实质的方式还是要经常留意、分析市场情况和平台数据，根据相关数据分析问题实质，特别是在效益一般的情况下，要经常关注多方变化，及时根据客户、市场的回应采取相应的应对措施，使销售工作越做越好。

3. 从热门类别角度来选择

核心优势商品要从公司或平台的整体定位、策略、模式、市场调研、目标客户分析、竞争对手分析、平台研究、政策走向等因素来规划，选择适合公司或平台的、能带来实际利润的商品。卖家在经营店铺时，离不开的就是商品，要获得高流量、高利润，更离不开好的商品。下面将商品划分为爆款、引流款和利润款三个层次，讨论如何取得商品结构的理想分配效果。

（1）爆款。顾名思义，爆款商品即指极为热销的产品，其具体特征体现为高流量、高曝光率及高订单量。爆款商品的用户评价与展示图片构成了最为直观且有效的商品推介方式，不仅能够吸引消费者关注，增强消费者信任度，还能为平台内的其他商品带来相关联的流量效应。然而，值得注意的是，此类商品往往并非利润的主要来源。或许有人会产生疑问，鉴于爆款商品的高流量与高订单量，为何不能成为盈利的驱动因素？原因在于，达到高流量与高订单量的商品，其价格相对较为亲民，这直接导致了卖家从该商品中获取的利润相对较低。因此，针对此类商品，建议每个品类设置1 ~ 2件为宜。在打造爆款商品的初期阶段，卖家应适当降低利润预期，甚至要做好无盈利的准备，以便于爆款商品的顺利打造。同时，对于爆款商品的利润率预期，应设定在-1% ~0% 之间，即爆款商品可能面临最高1% 的亏损。此外，爆款商品的折扣力度通常在50% 以上，以便商品能够顺利参与平台的各种活动，如大型促销及全店打折等。

爆款就是要销量，要销量就不能断货，必须设置一个预警库存：日均销量 × 采购周期（进货从下单到入库需要的时间）。有了最低库存要求，那么比较适宜的采购进货量就等于设定的预计销售周期 × 单品单日销量。

爆款能优化商品线，配合平台的定位，带来关联交易。因此，应锁定竞争对手，做定向或活动措施，打造性价比最高的商品，要提供最优的服务，有充足的库存、有高效准确的交付服务以及良好的售后服务。

另外，需要进行有针对性的商品策划（活动策划、页面策划、店铺策划）以及运营 UED（用户体验设计），并与设计部视觉配合（页面逻辑清晰、商品图片精美、风格贴切，推广活动）。通过循环性爆款调整、改善、沟通、分析、确定及引爆，这样一个周期又一个周期的循环爆款，最终会为平台带来源源不断的流量。

（2）引流款。引流款是指为了给平台或者店铺带来流量而推出的商品。这样的商品价格不能过高，利润预期一般在 0% ~ 1% 之间。引流款不是利润的主要来源，一般情况下它是不获利或获利很少的，建议每个品类设立5件。这样，对卖家的成本投入要求就不会过高。引流款商品折扣空间可以设置在30%～50%。这样在参加或者举办平台活动时就不会被折扣空间限制。引流款商品与爆款商品配合，将会有一个非常好的效果。

（3）利润款。一个平台或者店铺的运营离不开效益，利润款就是主要的盈利商品。一般而言，除了爆款和引流款，店铺其他商品都是利润款。利润率由卖家对商品预期利润率的估值来定，虽然这类商品流量不大，但其利润高。当然，这类商品也要预留折扣空间，这是为了顺应平台推出的打折活动，折扣空间可以预留5%～20%。这样的折扣空间，利于利润款赶上平台的流量高峰期。

当然，商品结构的设置只是经营店铺的一个环节，物流、选品、售后、营销等都是不可或缺的。

因此，要想利润高，个性化需求是方向。爆款产品只是引流的手段，精细化、差异化的选品思维才是核心。总的来说，挑选产品确实是件比较艰难的事情。市场上那么多的产品，哪个好卖，哪个不好卖，并不能一眼看清楚。有时候，别人卖得比较好的产品自己并不一定卖得好。所以在选择某个类别的产品后，可以做一个比较笨的筛选：在初始阶段，大量地铺货，隔一段时间就换一轮产品，一两个星期后，再来分析比对数据，撤换掉数据差的产品。通过这种优胜劣汰的方式，最终挑选出来好卖的产品，然后在继续售卖的同时不断丰富其他产品的类别。

（三）跨境电商选品的行业动态分析

跨境电商选品的行业动态分析是从行业的角度来研究品类，每个品类都是建立在我国制造的产品面向国外出口的整个行业背景下。了解我国出口贸易中每个品类的市场规模和区域分布，对于认识品类的运作空间和方向，有较大的指导意义。了解某个品类的出口贸易情况，主要有以下三种途径。

1. 第三方研究机构或贸易平台发布的行业或区域市场调查报告

第三方研究机构或贸易平台有独立的行业研究团队，这些机构具备全球化的研究视角和资源，因此，他们发布的研究报告往往可以给商家带来较系统的行业信息。例如，中国制造网行业分析报告、敦煌网行业视频教程等。

2. 行业展会

行业展会是供应商为了展示新产品和技术、拓宽渠道、促进销售、传播品牌而进行的一种宣传活动。参加展会，可以获得行业最新动态和企业动向。例如：

深圳会展中心展会、中国行业展会等。

3. 出口贸易公司或工厂

跨境电商的产品专员在开发产品时，需要与供应商进行直接的沟通。资质较老的供应商，对所在行业的出口情况和市场分布都很了解，通过他们，产品专员可以获得较多有价值的市场信息。值得注意的是，产品专员必须具备一定的行业知识，以便在与供应商进行有效沟通，否则容易陷入被动，甚至被误导。

（四）跨境电商选品的数据分析

跨境电商选品的数据分析是通过对各个业务节点数据的提取、分析及监控，让数据作为管理者决策、员工执行的有效依据，作为业务运营中的一个统一尺度和标准。从数据来源看，数据分为外部数据和内部数据。外部数据是指企业以外的其他公司、市场等产生的数据。内部数据是指企业内部经营过程中产生的数据信息。要想作出科学、正确的决策，需要对外部和内部数据进行充分的调研和分析。

1. 外部数据分析

外部数据分析是指灵活综合运用各种分析工具，全面掌握选择品类的数据依据。例如，通过Google Trends 工具分析品类的周期性特点，把握产品开发先机；借助Keyword Spy 工具发现品类搜索热度和品类关键词；借助Alexa 工具选择出至少三家该品类中以该市场作为主要目标市场的竞争对手的网站，把它们作为对目标市场产品品相分析和选择的参考。

2. 内部数据分析

内部数据是已上架产品产生的销售信息，是选品成功与否的验证，也可用于以后选品方向的指导。可通过平台分析工具获得已上架产品的销售信息（流量、转化率、跳出率、客单价等），分析产品的销量和整体动销率，从选品成功和失败的产品中逐步积累选品经验，并结合外部数据分析，选出优质产品。

二、跨境电商产品的营销推广方式

（一）电子邮件营销

电子邮件是跨境电商卖家与国外买家进行交流的重要媒介，利用电子邮件，卖家可直接、快速地对买家进行精准营销，跨境电商企业或多或少都会利用这个营销工具。

1. 电子邮件营销的定义

电子邮件营销（E-mail Direct Marketing，EDM）是在用户事先许可的前提下，通过电子邮件的方式向目标用户传递价值信息的一种网络营销手段。

电子邮件营销有三个基本因素：用户许可、电子邮件传递信息、信息对用户有价值。因此，有人把电子邮件营销称为许可电子邮件营销（简称许可营销）。

基于用户许可的电子邮件营销与滥发邮件不同，比传统的推广方式或未经许可的电子邮件营销具有明显的优势，如可以减少广告对用户的骚扰、增强潜在客户定位的准确度、加强与客户的关系、提高品牌忠诚度等。根据邮件地址资源的形式，电子邮件营销可以分为内部列表电子邮件营销和外部列表电子邮件营销。内部列表电子邮件营销是利用网站的注册用户资料开展电子邮件营销的方式，常见的形式如新闻邮件、会员通信、电子刊物等。外部列表电子邮件营销则是利用专业服务商的用户电子邮件地址资料来开展电子邮件营销，也就是以电子邮件广告的形式向服务商的用户发送信息。电子邮件营销是网络营销方法体系中相对独立的一种，既可以与其他网络营销方法相结合，也可以独立应用。

2. 电子邮件营销的一般过程

电子邮件营销活动的执行必须通过多个步骤组成营销循环，推动营销活动达到预期的效果。电子邮件营销过程包含资源获取、用户细分与定位、实施渠道和效果评估四个阶段。

（1）资源获取。电子邮件营销定位于许可营销，获得合法、有效的用户电子邮件地址是开展电子邮件营销的重要基础。

（2）用户细分与定位。在获得可用的、有效的用户电子邮件地址后，根据营销计划对这些用户进行细分，合理划分客户群，针对不同的潜在客户设计不同的信息及营销的方式。

（3）实施渠道。确定有效的用户及相应的信息后，如何将电子邮件成功地送达用户的收件箱并迅速引起用户的兴趣是这个阶段能否成功的关键。

（4）效果评估。在一个电子邮件营销循环的最后，需要对此次营销活动进行效果评估，以确定活动是否成功，因此制定评估标准、实施评估及评估系列活动的综合效果尤为重要。同时，根据评估结果对营销活动进行预测及进一步策划，将营销活动引入下一个循环。

3. 电子邮件营销的技巧分析

电子邮件营销具有多样化的形式，若策划得宜，其流量转化率甚至能超越搜索引擎和社交媒体的流量转化率。此外，电子邮件营销的成本效益显著，相较于其他推广手段，例如搜索引擎优化和社交媒体推广，它不仅成本较低，而且所需时间也更为短暂。更重要的是，电子邮件营销有助于跨境电商企业与订阅用户建立持久的联系，从而增强用户黏性并提升用户忠诚度。

（1）严格把控邮件列表。作为电子邮件营销的第一步，企业要收集目标客户的邮件数据（邮件地址）。跨境电商网站的订阅用户、会员的邮件地址，网站上具有购买记录的邮件地址等都是企业所需收集的数据。关于邮件列表，当前很多商家都是采取购买的方式来获得，这种方式虽然快，但往往获得的列表名单中只有极少一部分是符合商家要求的，邮件列表质量的低下，严重影响到电子邮件营销的效果。

（2）提高邮件本身的质量。邮件本身的质量，如邮件标题、邮件内容、模板等都是直接影响电子邮件营销效果的因素。一是要设置好邮件标题，提高邮件的打开率。标题应该达到以下要求：简短有力、表明身份，可以和寄件者名称相呼应；准确描述邮件内容、不重复，抓住客户的心理；要尽量体现品牌或产品信息；应含有产品关键词。二是邮件内容影响转化率。要吸引受众购买商品，就在邮件内容的设计上体现出产品的优惠信息，有明显的链接，使用动态图片，以引起客户行动，如“优惠仅在 48 小时内有效、售完即止”。

（3）把握发送时间与频率。在确定最佳发送时机时，需要考虑收件人的日常活动和工作时间，以确保邮件在最适合的时刻被接收。此外，根据邮件的紧急程度和重要性，灵活调整发送频率，避免对收件人造成过度打扰。合理安排发送时间和频率，可以提高邮件的打开率和回复率，有效增强与收件人的沟通效果，从而更好地维系和发展企业与客户之间的关系。

（二）搜索引擎营销

搜索引擎营销（Search Engine Marketing，SEM），是指平台利用用户使用搜索引擎检索信息的机会尽可能将营销信息传递给目标用户。简单地说，搜索引擎营销就是基于搜索引擎平台的网络营销，利用人们对搜索引擎的依赖和使用习惯，在人们检索信息的时候将信息传递给目标用户。企业通过搜索引擎付费推广，让用户主动找到企业，并点击企业的广告，最终和企业产生联系。

搜索引擎营销主要实现方法包括搜索引擎优化（SEO）、付费排名、精准广告以及付费收录。搜索引擎营销追求高性价比，以最小的投入获得最大的来自搜索引擎平台的访问量，并通过对网站进行搜索引擎优化，挖掘企业的潜在客户，帮助企业实现更高的转化率。用户在检索信息时所使用的关键字反映用户对该问题（产品）的关注，这种关注也是搜索引擎被应用于网络营销的根本原因。

伴随着互联网的不断发展，信息以爆炸式的速度增长，要想在浩瀚的互联网中寻找到自己想要的信息，就要依靠搜索引擎。它可以提供信息导航服务，让用户准确找到所需信息。目前搜索引擎的推广方式分为自然推广、竞价推广、混合竞价推广三种。

1. 自然推广方式

自然推广是指人们可以将要推广的信息通过网页等形式发布到搜索引擎平台上，然后通过搜索引擎优化技术使需要推广的关键词在搜索引擎中得到一个理想的排名。采用自然推广方式，一定要做好搜索引擎优化，重点围绕着关键词、链接、权重这三个要素来展开工作。

2. 竞价推广方式

自然推广虽然免费，但是存在着很多不确定性，不能保证百分百成功，更不是在短期就能看到效果的方法。所谓“竞价排名”就是搜索引擎平台根据价格给出相应的排名，这样企业很快可以得到一个好的排名。这种方式的前提是需要付费，价格是影响排名的唯一因素。

3. 混合竞价推广方式

搜索引擎在竞价排名的基础上，又推出了混合竞价推广方式，即在排序时除了考虑价格因素，同时考虑点击率的高低。这种方式不仅可以使企业得到好的排名，而且能够提高网页匹配度，从而提高用户的体验。

（三）社交媒体营销

社交媒体是大批网民自发贡献、提取、创造新闻资讯，然后进行传播的工具。社交媒体营销亦称社会化营销、社会媒体营销、社交媒体整合营销、大众弱关系营销，是利用社会化网络、在线社区、博客、百科或者其他互联网协作平台来进行营销，开拓公共关系和维护客户服务的一种方式。

1. 社交媒体营销的优势

社交媒体营销具有传统网络媒体营销的大部分优势，如传播内容的多媒体特性、传播不受时空限制、传播信息可沉淀带来的长尾效应等。

（1）可以精准定向目标客户。社交媒体掌握了用户大量的信息，通过对用户发布和分享的内容分析，就可以有效判断出用户的喜好、消费习惯及购买能力等。此外，随着移动互联网的发展，社交用户使用移动终端的比例越来越高，移动互联网基于地理位置应用的特性也给营销方式带来了极大的变革。企业通过社交媒体对目标用户的精准人群以及地理位置定向投放广告，自然能收到比传统网络媒体营销更好的效果。

（2）可以拉近企业跟用户的距离。互动性是社交媒体相较传统媒体的明显优势。在传统媒体上投放广告，企业往往难以直接且即时地获取用户反馈，而官方网站或者博客上的反馈也是单向或者不即时的，互动的持续性较差。往往是发布了广告或者新闻，虽然可以看到用户的评论和反馈，但继续深入互动的难度很大，企业跟用户持续沟通的渠道不顺畅。而社交媒体平台上有企业的官方微博、官方主页，企业和顾客都是用户，先天的平等性和社交网络沟通便利的特性使企业和顾客能更好地互动，更好地展现企业的品牌形象。此外，微博等社交媒体是一个天然的客户关系管理系统，通过寻找用户对企业品牌或产品的讨论，可以迅速地作出反馈，解决用户的问题。如果企业官方账号能与顾客或者潜在顾客建立良好的关系，让顾客把企业账号作为一个朋友的账号来对待，那企业获得的价值是难以估量的。

（3）可以让企业低成本进行舆论监控和市场调查。随着社交媒体的普及，社交媒体的大数据特性得到很好的体现。企业如果能做好社交媒体的数据分析与处理，就会从中得到很大的好处。

首先，通过社交媒体，企业可以低成本地进行舆论监控。在社交媒体出现以前，企业对用户进行舆论监控的难度很大，而现在，社交媒体在企业的危机公关中发挥的作用已经得到了广泛认可，负面消息都是从小范围开始扩散的，只有企业随时进行舆论监控，才可以有效避免企业品牌危机的产生和扩散。

其次，通过对社交媒体平台大量数据的分析，或者进行市场调查，企业能有效挖掘出用户的需求，为产品设计开发提供很好的市场依据。比如，一家蛋糕供应商在社交媒体上发现有大量的用户寻找欧式蛋糕的信息，就可以加大这方面的蛋糕设计开发，在社交媒体出现以前，这几乎是不可能实现的，而现在，只要拿出一些小礼品，在社交媒体做个活动，就会收到海量的用户反馈。

2. 社交媒体营销的策略

社交媒体营销以成本低、能够锁定目标客户、交互性强、信息反馈完整等多种传统营销办法所不具备的优势被大家接受，当前很多跨境电商企业正在逐步采取社交媒体营销方式，希望能够获得新的营销突破。

第一，社交媒体只是一个配角而非主角。一定要明确定位，运用社交媒体进行营销虽然有很多的优点，但它的缺点与优点同样多，最大的缺点就是其结果不可控，有可能花费大量心血，最后只是竹篮打水一场空。因此，社交媒体需要配合系统的营销管理体系，并且其往往只是系统的一小部分。

第二，利用社交媒体支持个人参与并投入活动中。社交媒体与传统媒体相比，最大的优势在于其具有强烈的交互能力。根据调查，一个人对一个活动的参与度越高，记忆越深刻。传统媒体大都是自上而下的广告，采取的是灌输式、教育式营销办法，其交互性和参与度可以说是完全没有。

第三，利用社交媒体与客户建立情感关系网络。社交媒体一大优势是客户黏度高，传统的营销方式不能真正掌握顾客，而社交媒体可以更加轻松地跟进客户。在当今服务为王的年代，运用社交媒体则有更多机会对客户进行服务，从而促成下一次销售。

第四，利用社交媒体了解客户。社交媒体可以反馈客户信息。传统的营销办法都是输出型，很难获得客户的感受，需要专门进行市场调研。而社交媒体可以在营销的同时，甚至在产品生产之前获得客户反馈，这可以极大地提高企业市场反应能力。

第五，利用社交媒体举办相关活动，提高品牌效应。举办相关活动并非社交媒体的专属，这种营销方式在很久之前就有了，如冠名运动会、进行慈善活动、举办演出等。但社交媒体的优势是灵活。传统方式举行的活动一般是大型线下活动，成本较高，需要大量专业人员的支持，而社交媒体可以灵活举办线上活动，十分简便，推广起来也很容易。

第六，运用社交媒体推出产品。如今互联网公司普遍运用社交媒体来推广产品，从产品设计阶段到生产环节，再到产品上市，均通过发布微博等方式来吸引公众注意。尽管此策略成本较低且效果显著，但其广泛应用已略显陈腔滥调。因此，未来企业在采用此策略时，需展现出更高的智慧与创新性。

第七，运用社交媒体引领人们的谈话主题。现在所谓的社会热点背后有推手在推动。不可否认，现在人们的发言越来越自由，但在网络上引导舆论却相对简单，网络上的从众效应也很严重。企业在采用引导舆论的策略时需要慎重，稍有不慎可能违背道德、违背法律。

第八，社交媒体要做到可视化。可视化是B2B或B2C企业未来应该发展的方向，因为这些企业存在线上信息失真等问题。消费者购买东西的时候所看到的照片及文字信息都是经过处理的，商家为了自己的利益会在一定程度上美化自己的产品，这对消费者是不公平的。可视化就是做到真实、准确地反映企业信息，所见即所得。

第九，运用社交媒体使消费者创造产品。社交媒体应被当作洞察消费者需求的工具，而在更高层次上，它甚至可以成为消费者参与产品创造的平台。传统供应链的模式是先设计产品，然后生产、销售，最后收集市场反馈。然而，一旦进入市场反馈阶段，整个流程往往已经完成。将市场反馈环节前置，可以显著提高产品对消费者的吸引力。

第十，最大化社交媒体活动的有效性。社交媒体上有一个现象，如果企业长期不举办活动，受众的热情很快就会冷却下来。企业必须持之以恒地举行活动，增强消费者黏度。有许多看起来“粉丝”众多的企业，由于长期不举行活动，“粉丝”成了“僵尸粉”，其价值就打了折扣。

（四）广告营销

1. 网络广告

网络广告就是在网络上做的广告，是应用最广泛的网络营销方法，利用网站上的广告横幅、文本链接、多媒体，在互联网刊登或发布广告，通过网络传递给互联网用户的一种高科技广告运作方式。网络广告的表现形式丰富多彩，目前常见的网络广告形式大致有标牌广告、按钮式广告、邮件列表广告、墙纸式广告、赞助式广告、电子邮件式广告、推广式广告、插页式广告和互动游戏式广告等。几乎所有的网络营销活动都与品牌形象有关，在所有与品牌推广有关的网络营销手段中，网络广告的作用最为直接。

（1）网络广告的特点。网络广告具有传统媒体广告所无法比拟的优势，具体表现为交互性强、具有灵活性和快捷性、广告成本低廉、感官性强、传播范围广、受众针对性明确等。对于企业而言，如何利用网络广告取得最大的收益，取决于多种因素，如广告商的选择、设计是否吸引人、广告投放平台的特点等。

一是交互性强。交互性是网络广告的最大特点，信息是双向互动传播。广告受众自由选择信息，不同的受众可以选择不同的广告信息，获取自己认为有用的信息。销售者也可以随时得到消费者的反馈信息。

二是传播范围广泛。网络商品传播不受时空的限制，只要具备浏览互联网的条件，任何人在任何时间、任何地点都可以阅读网络广告信息。

三是针对性强。网络广告可以使企业直接面对目标消费群体中最可能产生购买行为的潜在消费者。

四是精确性强。传统媒介发布广告，很难精确统计广告信息目标受众的数量，而在互联网上，不仅可以通过权威公正的访问统计系统，精确统计出每条广告信息的访问量，还可以了解目标受众接触广告信息的时间和地区分布，从而科学地评估广告效果。

五是广告发布灵活，成本低。网络广告是一种实时、灵活、低成本的广告形式。在互联网上，广告刊登后，企业可以根据市场的变化、营销策略的调整及时变更广告内容，使广告活动及时有效地服务于营销策略。

六是表现形式多，实效性强。网络广告的载体基本上是多媒体、超文本格式文件。这种以图、文、声、像的形式传递多感官商品信息的服务，使目标受众如身临其境般地感受商品与服务，并通过互联网进行订购、交易、结算，极大地增强了网络广告的效果。

（2）网络广告的投放形式。目前，网络广告的投放形式主要有以下几种。

一是横幅广告。横幅广告又称“旗帜广告”，是最常用的广告形式。它通常以Flash、GIF、JPG 等格式定位在网页中，同时还可使用Java 等语言使其产生交互性，用Shockwave 等插件工具增强表现力。横幅广告开始是静态的广告，用户可以点击进入广告中的网站链接，后来逐渐发展为互动广告。

二是按钮广告。按钮广告又名“图标广告”，是标语式广告的一种特殊形式，其制作方法、付费方式、自身属性与横幅广告没有区别，仅在形状和大小上有所不同。由于尺寸偏小，表现手法较简单，一般只由一个标志性的图案构成，通常是商标或厂徽，它的信息量非常有限，吸引力也相对差一些，只能起到一定的提示作用。

三是文本链接广告。文本链接广告是以一排文字作为一个广告，点击之后可以进入相应的广告页面。这是一种对浏览者干扰较少却较为有效的网络广告形式。

有时候，最简单的广告形式的效果却最好。

四是电子邮件广告。电子邮件广告具有针对性强、费用低廉的特点，而且广告内容不受限制。它可以针对具体个人发送特定的广告，这是其他网络广告方式所不及的。

五是竞赛和推广式广告。竞赛和推广式广告又名“赞助式广告”，广告主可以与网站一起合办公众感兴趣的网上竞赛或网上推广活动。赞助式广告的形式多样，在传统的网络广告之外，给予广告主更多的选择空间。

六是软性广告。广告与内容的结合可以说是软性广告的显著特征，从表面上看，它们更像网页上的内容而并非广告。在传统的印刷媒体上，这类广告一般都会有明显的标示，而在网页上通常没有清晰的界限。

七是插播式广告。插播式广告又名“弹出式广告”，在访客请求登录网页时强制插入一则广告或弹出广告窗口，类似电视广告，都是打断正常节目的播放形式，强迫公众观看。插播式广告有各种尺寸，有全屏的也有小窗口的，而且互动的程度不同，有静态广告也有动态广告。浏览者可以通过关闭窗口不看广告，但是它们的出现没有任何征兆，肯定会被看到。

八是富媒体广告。富媒体广告是指具有动画、声音、视频或交互性的信息传播方法，包含下列常见的形式之一或者几种的组合：流媒体、声音、Flash 以及 Java、Javascript、DHTML 等程序设计语言。富媒体可应用于各种网络服务中，如网站设计、电子邮件、横幅广告、按钮广告、弹出式广告、插播式广告等。富媒体广告一般不需要受众安装任何插件就可以播放整合视频、音频、动画等图像，具有双向信息通信和用户交互功能。它具有大容量、交互性的特性，拥有更大的创意空间，可以更好地展现品牌形象。而其带来的高浏览率、高点击率、高转化率，更使其成为网络营销不可错过的广告形式。

九是其他类型广告。其他类型广告主要包括分类广告、视频广告、巨幅连播广告、对联广告、撕页广告等。

2. 网站资源合作

网站资源合作是指通过网站交换链接、交换广告、内容合作等方式，在具有类似目标资源的网站之间实现互相推广。每个企业网站均拥有自己的资源，这种资源可以表现为一定的访问量、注册用户信息、有价值的内容和功能、网络广告空间等。企业利用网站的资源与合作伙伴开展合作，实现资源共享，共同扩大收益。

在这些资源合作形式中，交换链接利用合作伙伴之间的网站访问资源进行推广，是最简单具有一定互补优势的合作形式，即分别在自己的网站上放置对方网站的Logo或网站名称并设置对方网站的超级链接，使用户可以从合作网站上发现对方的网站，达到互相推广的目的。广告资源合作也是一种常用的形式，有的人想投放广告做推广，有的人想在自己网站播放广告获利，因此，诞生了一种广告联盟平台，以广告中介的形式合作。平台参与主体分为两部分：一部分是广告主，另一部分是网站主。广告主投放广告，网站主在自己网站播放广告，各取所需。

网站资源合作主要的优势是互惠互利，相互交换多余的资源或者闲置的资源，充分利用合作伙伴的渠道和用户群，以产生更多的利润和销售量。同时可以节省成本，在不影响网站用户体验和广告互换的合作模式情况下，把广告投放到网站上，相互投放，相互推广，不需要花费资金。其优势也决定了采用此种营销方式时，必须坦诚合作，要处处为对方着想，处处考虑对方的利益，这样，合作才能长久，关系才能稳固。同时，企业要不断积累自身资源优势，长期整合优质资源，努力成为受别人欢迎的资源合作伙伴。

第四节　跨境电商的物流管理与优化

一、跨境电商物流的基本认识

随着经济和信息技术的发展，跨境电商逐渐成为我国对外贸易的主力军，拓宽了我国企业的销售渠道。跨境电商日益增长的交易规模，为跨境物流带来了巨大的潜在市场。

（一）跨境电商物流的含义

跨境电商物流是指以跨境电商平台为基础，在两个或两个以上的国家或地区之间进行的物流服务。由于跨境电商的交易双方分属不同国家，商品需要从供应方所在国家通过跨境电商物流方式完成空间位置的转移，再在需求方所在国家内完成最后的物流配送。

根据跨境商品的位置移动轨迹，跨境电商物流可以分为三个阶段：发出国国内段物流、国际段物流及目的国国内段物流。跨境电商商品种类繁多，使用小批量、多频次的运输方式，体积重量差别很大，不同品类所需运输和仓储解决方案各异，因此跨境电商物流要实现一站式、门到门的服务，各段物流间的有效衔接显得尤为重要。

（二）跨境电商物流与传统物流的差异性

跨境电商物流与传统物流的差异性主要体现在以下几个方面。

1. 运营模式存在差异

传统商业“少品种、大批量、少批次、长周期”的运营模式决定了传统物流的固化性和单一性。而跨境电商“多品种、小批量、多批次、短周期”的运营模式对物流的响应速度和多元化提出了更高的要求。在跨境电商平台交易后，物流信息会进行更新，这体现了库存商品快速被分拣和配送的原则，体现了跨境电商物流快速响应的特点。多元化物流渠道符合当前跨境电商的发展需求。

2. 物流功能的附加价值存在差异

传统物流的功能主要聚焦于货物的物理位移，即运输本身，其附加价值相对有限。而在跨境电商物流中，物流的功能被赋予了更丰富的内涵。除了实现商品跨国界的物理转移，它还承载着提升终端客户购物体验的重任，如提供准确的物流跟踪信息、灵活的收货时间选择以及快速退换货服务等。此外，通过优化物流成本控制，跨境电商企业能够在激烈的市场竞争中获得价格优势，进一步吸引消费者，这也是其物流附加值的重要体现。

3. 物流服务的层次存在差异

传统物流的服务层次多集中在“门到门”“点到点”的基本运输服务上，关注的是物流链的局部优化。跨境电商物流则要求更高的服务层次，强调全球范围内的资源整合，包括跨境运输、报关清关、海外仓储、本地配送等多个环节的无缝对接。这种全球化的服务网络不仅提高了物流效率，还降低了跨国交易的风险，为商家和消费者提供了更加便捷、可靠的物流解决方案。

4. 对信息化和智能化的要求存在差异

传统物流的作业流程相对固定，对信息技术的重视程度和智能化程度低于跨境电商物流。跨境电商的物流、信息流、资金流以主动的方式推送给客户，并允许客户实时监控，而物流、信息流、资金流的统一是跨境电商物流的本质要求。

另外，跨境电商物流以信息技术为核心，对物流的全过程进行优化。各大物流服务提供商致力于开发领先的信息系统，以提供更全面、简单的物流信息操作模式，实现跨境电商的智能化。

二、我国跨境电商国际物流管理的主要模式

由于区域经济发展阶段与特征存在差异，区域间资源要素禀赋也各不相同。因此，我国不同地区跨境电商环境下的国际物流管理模式也存在一定的差异性。但总体来说，目前国内跨境电商国际物流管理的模式主要分为两大类：第一类是传统物流管理模式，第二类是新兴物流管理模式。

（一）传统物流管理模式

传统物流管理模式分为国际快递管理模式、国际邮政小包管理模式。

1. 国际快递管理模式

国际快递是一种基于快递运输，并结合跨境电商的传统物流模式。国际快递管理的关键是依托国际快递公司，解决跨境电商物流环境下的商品运输和配送问题。目前，该领域的知名快递公司包括UPS、USPS、FedEx、DHL 等，我国涉足跨境电商国际快递的企业有邮政快递、顺丰速递、圆通快递等。

尽管国际快递管理是一种传统的物流管理方式，但它确保了物流过程在时效性和服务质量上的显著优势，能够有效满足全球客户的多样化需求。然而，这种管理模式也存在不足，如其管理成本相对较高，国际快递的特色专线尚未全面开通等。这也导致了物流成本的上升，进而对客户的整体体验产生了不利影响。

2. 国际邮政小包管理模式

国际邮政小包管理的关键是依托邮政联盟，解决跨境电商物流环境下的商品运输和配送问题。主要是通过个人邮包的形式对外发货，在此过程中对邮包的包装、仓储、运输和配送等进行全面管理。

国际邮政小包管理有着管理成本低、通关便捷等先天优势，但也存在着实际物流过程中丢包率高、时效性低等问题。此外，因这种物流模式对邮包的形状、重量、体积等有要求而加大了管理难度。

（二）新兴物流管理模式

新兴物流管理模式主要有以下五类。

1. 海外仓管理模式

海外仓是近期兴起的跨境电商国际物流模式。海外仓管理模式是跨境电商企业在境外的目的地直接建立仓库，将货物预先运送至仓库，并以跨境电商的形式进行网上销售，当消费者的订单生成时，跨境电商企业利用仓库直接进行商品的

运输和配送。这种管理模式与传统模式相比，具有物流时间短、物流管理成本低的优势，同时在商品检验、商品退换货等方面也有更好的管理方案。但是，海外仓管理模式也存在海外投资庞大的劣势。

2. 边境仓管理模式

边境仓是一种位于商品输入国邻近国家的仓储设施，这是它与海外仓最为显著的区别。在物流管理层面，边境仓与海外仓大体上是相似的。然而，从物流运营的实际情况来看，边境仓同样具备其独特优势，它能有效规避商品输入国的政治、税收和法律风险，能够充分利用自由贸易区的物流优惠政策，从而提高物流效率。

3. 集货物流管理模式

集货物流也是近年来兴起并被广泛运用的物流业态。集货物流管理模式主要分为两种：一种是通过建立仓储物流基地或中心进行管理；另一种是通过设立跨境电商的战略联盟、共建国际物流基地或中心进行管理。总的来说，集货物流管理模式也具有压缩物流管理环节的优势，使跨境电商国际物流的运行效率明显提高。

4. 保税区（或自贸区）物流管理模式

保税区（或自贸区）物流是跨境电商不断发展的重要产物。这种物流管理模式首先是将商品运送至保税区（或自贸区）的仓库，然后通过跨境电商企业对外销售，确定订单后，再由保税区（或自贸区）直接进行商品分拣、检验、包装，最后从仓库运输出去。保税区（或自贸区）物流管理模式具有保税区（或自贸区）的平台优势和政策优势。

5. 第四方物流（4PL）管理模式

第四方物流是目前国际上较为先进的国际物流业态，因此在物流管理模式上也较为先进。从管理角度看，第四方物流不直接参与物流作业，但它主要负责为其他各种物流作业提供规划方案和信息咨询，主要包括物流供应链设计、物流管理流程的整合设计、物流信息技术咨询和其他服务等。总之，第四方物流本质上就是为物流作业提供中介服务。

三、我国跨境电商国际物流管理中存在的问题与优化

（一）我国跨境电商国际物流管理中存在的问题

1. 是物流管理的成本总体偏高

消费者对跨境电商产品消费体验的好坏，在一定程度上取决于跨境电商物流质量的高低。而物流质量在一定程度上与物流管理成本直接挂钩。跨境物流企业在管理过程中需要承担多种费用，包括跨境税费、快递费用、网络设施和技术建设费用等。而从国内的国际物流企业运营来看，虽然上面提及的一些国际物流模式具有相对的成本优势，但总体上看，物流管理成本还是居高不下。物流管理成本高，则势必带动各种物流费用提高，从而影响消费者消费体验。

2. 是物流配送的时效性总体不高

相比国内物流，跨境电商国际物流管理流程明显复杂，使物流时间的可控度大打折扣，尤其是物流配送时间。国际物流尤其是国际快递，一般都是集中发货，虽然这可以减少物流管理成本，但容易造成耗时长且丢失率高的问题。在我国，尽管目前面向日韩、欧美等地的国际物流线路完善度高、时效性有所增强，但是面向非洲、南美等地的国际物流的时效性，仍需增强。

3. 是跨境电商和国际物流之间的协同性不高

虽然国际物流存在多种模式，但是不同模式的特征，影响了跨境电商与国际物流之间的协同性，这给物流管理带来较大的难度。例如，海外仓和边境仓这两种新兴的国际物流模式往往都需要投入大量的资金，这显然增加了跨境电商的成本，所以一般的跨境电商企业难以涉足。集货物流需要一定的国际政策作保障，但目前的法律法规体系依然不健全，影响其与跨境电商的协同性。第四方物流虽然业态新，但是目前发展阶段仍过于初级，在技术、人才配备上明显不足，管理效率低下，也不利于与跨境电商之间良好协同。除了国际物流的发展水平，在国际物流的发展环境方面也支撑不足，限制了跨境电商和国际物流之间的协同。

4. 是跨境电商物流供应链的信息不对称性较高

在进行跨境物流的过程中，一般涉及国内运输和国外运输两个环节。但是，基于国内外物流信息技术条件差异的客观因素，跨境物流的过程中往往会出现信息不对称的问题，从而导致物流运输、配送等环节无法实现良好的信息整合，给物流企业以及跨境电商企业的管理带来困难。这种信息上的不对称，不仅会导致

企业运营管理效益下降，还会对企业的信誉产生不利影响。

5. 是跨境物流过程中的海关监管机制仍不到位

跨境物流一般要受到国内外海关部门的监督审核。而受到自我利益的约束，跨境电商企业容易报低商品价值，以达到降低物流成本的效果。由于国内的海关监管机制有待完善，实际监管过程中存在监管不到位的问题，逃避监管的行为时有发生。

（二）我国跨境电商国际物流管理的优化策略

1. 企业层面：加快推进跨境电商企业和国际物流企业的协同发展

跨境电商和国际物流之间存在着相互促进、相互融合的内在联系，但是我国跨境电商和国际物流之间的协同性不高。这主要是因为我国的国际物流发展水平不高，难以与跨境电商增长带来的物流需求相适应。要促进跨境电商与国际物流协同发展，应从国际物流的内在要素出发并进行改进，以不断发挥效应。

第一，从物流要件出发，推进跨境电商和国际物流协同发展。在考虑国际物流管理模式与跨境电商发展趋势的基础上，从战略规划、资源配置以及供应链管理等多个维度推动跨境电商与国际物流的协同进步。此举旨在有效降低跨境物流成本并提高物流效率。为此，必须制定一套全面的跨境电商国际物流发展战略，明确跨境电商与国际物流企业的共同战略目标、战略方向以及实施的关键点，从而从战略层面加强对跨境电商国际物流模式的管理。同时，应促进跨境电商企业与国际物流企业之间的有形和无形资源共享，以增强跨境电商国际物流管理的效能。此外，还应强化对物流供应链的管理与整合，特别是在仓储、包装、运输、维护保障等关键环节进行有效的整合与优化。

第二，从信息技术出发，推进跨境电商和国际物流协同。应充分运用现代信息技术，对国际物流供应链上的订单、分拣、包装、仓储、运输、检验、配送等各个环节进行改进，强化物流供应链管理，促进跨境电商企业和国际物流企业在整个供应链上紧密衔接。

第三，从人才竞争力出发，推进跨境电商和国际物流协同发展。物流企业需加强对人才的管理，一方面改进人才引进策略，积极吸引国际物流领域的专业人才，并加强人才储备；另一方面优化人才培训途径，提高国际物流人才的培养质量。同时，还应积极完善人才评估和薪酬体系。

2. 政府层面：积极优化国际物流企业运营管理的基础条件

优化我国跨境电商国际物流管理模式，仅依靠跨境电商企业和国际物流企业是远远不够的，还必须有完善的政府配套政策和服务体系作为支撑。因此，政府应积极优化国际物流企业运营管理的基础条件。

（1）完善国际物流相关法律法规和政策，为国际物流企业管理提供法律和制度保障。首先，应加快制定与国际物流发展相匹配的法律法规和政策，对国际物流的发展战略、方向、标准和国际物流法律地位等作出明确规定。其次，加强政府的区域联动，强化区际政府之间以及政府各部门之间的职能和工作协调，为强化国际物流管理提供重要支撑。

（2）强化对国际物流的有效投资，为国际物流企业的发展提供资金支持。对于海外仓、边境仓、集货物流、第四方物流等国际物流管理模式而言，资金短缺往往是一个重要的问题，直接影响企业的国际物流运力和效率。首先，应积极改善物流基础设施，特别是完善铁路、公路和物流港口设施，并精准开发国际航线。其次，改良传统的运输工具及运输方式，提高货物的运力和周转效率，为优化国际物流管理奠定更好的基础。最后，完善仓储、包装、运输和配送等物流环节的方式，从策略、技术等方面予以政府支持。例如，加大对货物装载技术创新、物流安全服务的财政支持，制定就近采购和直接出口策略等，争取进一步降低国际物流成本，提高国际物流效率。

第三章 跨境电商教学课程体系与实训基地建设研究

跨境电商的蓬勃发展对人才培养提出了新的要求。本章将聚焦跨境电商教学课程体系的构建与实施，探讨如何基于工作过程设计课程体系，以更好地满足行业需求。同时，将重点介绍跨境电商软件在教学中的应用，以提升学生的实践能力。此外，本章还将对基于产教融合的校内实训基地建设进行研究，旨在通过校企合作，为学生提供真实的职业环境，缩短理论与实践的距离。

第一节 跨境电商课程实践教学体系的构建与实施效果

一、跨境电商课程实践教学中存在的问题

（一）跨境电商实训支持力度有待加强

当前，部分高校在跨境电商的实践教学上投入的资源仍显不足，包括实训平台的建设、实训软件的更新以及与真实跨境电商平台的合作等方面。这导致学生难以在仿真的环境中进行充分的实践操作，影响了其实战能力的提升。因此，高校应加大对跨境电商实训的支持力度，如加大资金投入，建设或升级实训平台，引入更多真实的跨境电商案例和业务流程，以提供更贴近行业实际的实训环境。

（二）跨境电商师资队伍建设有待完善

培养跨境电商实践人才的前提是拥有跨境电商实践指导教师队伍。高校应积极鼓励专业教师带薪到跨境电商企业挂职锻炼，引进跨境电商企业资深员工到高校授课，引进更优秀的跨境电商企业专家，以解决师资队伍建设问题。

（三）跨境电商实践时间安排有待优化

跨境电商课程实践环节要切实落实，需要更多课时，可设置专门实训周或者实训学期来实施。目前，主要通过顶岗实习阶段来开展跨境电商实践，但其过程

涉及人员、资金、企业等问题较多，情况较为复杂。如果要使跨境电商课程实践全面正常进行，就需要调整课程课时量和实践时间，参考企业的时间可能会取得更好的效果。

二、跨境电商实践教学体系的构建过程

跨境电商实践教学体系的构建是一个复杂而系统的过程，需要多方努力与配合。通过明确培养目标、创造保障条件、制定科学的教学设计以及完善评价机制，可以构建出一套既符合行业发展趋势又满足学生成长需求的实践教学体系。

（一）明确培养目标

实践教学体系的构建始于明确的培养目标。具体而言，这一目标聚焦于以下几个核心方面。

专业技能培养：通过小组实践与实训模块化操作，让学生在跨境电商领域掌握扎实的专业技能，使其能够在实际操作中深化理论知识，并有效解决实际问题。

实践与创新能力提升：强调实践操作能力，注重培养学生的创新思维。通过鼓励学生参加创新大赛、跨境电商技能大赛等活动，以竞赛为驱动，培养学生的创新思维和竞争意识。

职业素养与道德品质塑造：将跨境电商职业素养、社会责任、职业道德及爱国情怀融入教学体系，旨在培养出既具备专业技能，又拥有高尚品德的复合型人才。

实践能力与职业能力融合：实现学生实践能力与职业能力的有机融合，使学生在毕业后能够迅速适应跨境电商行业的实际需求，成为既懂业务又懂管理的全方位人才。

（二）创造保障条件

为了确保实践教学体系的顺利实施，必须构建坚实的保障条件，具体如下。

完善实践教学设施：校内引进先进的跨境电商仿真模拟软件，为学生提供接近真实的交易环境进行模拟练习。校外与跨境电商企业建立合作关系，通过项目驱动的方式，让学生直接参与企业的 B2C 平台运营，实现理论与实践的紧密对接。学校提供必要的办公场所和设备支持，企业则根据项目需求选拔学生，形成资源

互补、互利共赢的合作模式。

1. 强化师资队伍建设

针对教师实操经验不足的问题，实施长期的挂职锻炼计划，鼓励教师深入企业一线，参与跨境电商的实际运营。挂职期限至少半年，并设定明确的挂职任务与成果考核标准。同时，邀请企业的资深专家进校园，与教师共同指导学生，形成“双师型”教学团队，提高教学质量。

2. 提供经费与政策支持

设立专项经费，用于支付学生的平台费用、运营费用及创新创业项目经费。同时，出台一系列激励政策，如创新创业学分认定、优秀项目奖励等，为学生创造宽松的创新环境，提供有力的政策保障，激发其创新创业热情。

（三）制定科学的教学设计

首先，调研跨境电商岗位群及职业能力，了解跨境电商各个岗位的目标以及任职要求。

其次，构建跨境电商课程模块。跨境电商课程模块是按照跨境电商企业岗位和对应业务进行设置的。跨境电商实践课程中的模块教学是实现跨境电商人才培养整体优化的主要方式。

最后，确定跨境电商课程实践教学的基本路径。跨境电商课程实践教学的基本路径是“三段式”教学。第一阶段是跨境电商 3D 综合模拟教学。第二阶段是跨境电商平台真实操作。进入该阶段要求学生到敦煌网、速卖通、Lazada 等平台进行注册，开始学习个人如何开展跨境电商业务。第三阶段是进入跨境电商企业操作。在该阶段，学校引企入校，优化实践教学环节，让学生进入企业开展项目实践。实践证明，“三段式”教学路径能切实有效提高学生的跨境电商实践能力和创业能力。

（四）完善评价机制

评价机制是检验实践教学成效的关键。采用“实操成绩为主导，期末成绩为参考”的评分机制，注重实践能力的考核。实操成绩通过分组分团队进行任务分配与考核的方式确定，确保每位学生都能积极参与实践，避免“搭便车”现象。团队的实操业绩，如平台订单量、成交金额等，是评定成绩的重要依据。同时，引入企业主管的评价，使评价体系更加贴近行业实际，增强评价的客观性与实用性。

将期末理论成绩作为参考，考查学生对理论知识的掌握程度，确保理论与实践的平衡。此外，鼓励学生参与跨境电商或创新创业相关大赛，将大赛成绩以一定权重计入课程成绩，以此激励学生拓宽视野、提升自我。

三、实施跨境电商课程实践教学体系的预期效果

（一）学生专业技能的飞跃式提升

实施跨境电商课程实践教学体系，将着重于“实战”环节，旨在全面提升学生的专业技能。通过构建从模拟到真实、融合理论与实践的渐进式学习路径，学生能够迅速掌握 B2C 平台操作的核心技能，包括商品上架、关键词优化、库存管理等。更为重要的是，通过参与真实交易流程，从客户咨询、订单处理、物流跟踪以及售后服务等环节，学生将获得全方位的业务体验。这种“沉浸式”学习方式将极大提高学生的业务敏感度和问题解决能力，使他们在面对复杂国际市场时，能够灵活运用营销策略，有效开展沟通协调工作，并妥善处理跨境支付、税收、报关等繁杂事务，从而实现专业技能的显著提升。

（二）跨境电商师资队伍的持续优化

跨境电商课程实践教学体系的实施，将推动师资队伍结构的持续优化。基于多渠道、多层次的培养机制，高校将不断提升教师的实践能力。一方面，选派教师前往跨境电商发达地区参加深度培训，与业界专家进行面对面交流，以获取最新的行业动态和实操技巧；另一方面，鼓励教师深入企业挂职锻炼，直接参与跨境电商企业的实际运营，从而将宝贵的实战经验融入教学之中，实现理论与实践的紧密结合。同时，鼓励并支持教师考取相关职业资格证书，提高自身专业水平，为学生树立榜样。此外，聘请具有丰富实战经验的跨境电商企业专家担任客座教授或实践导师，以进一步丰富教学资源，打造出校企融合、产学研一体化的师资队伍。

（三）跨境电商课程建设取得显著成效

实施跨境电商课程实践教学体系，将促使课程建设与专业发展取得显著成效，使课程体系更加完善，形成包含校企合作项目实操、跨境电商顶岗实习等的多元化教学模式。这种改革会让课程更加贴近实际需求，提高学生的学习兴趣和参与度。通过参与真实项目，学生将加深对理论知识的理解，并学会如何在实践中运用知识解决实际问题，从而真正掌握跨境电商的实操技能。

第二节　基于工作过程的跨境电商专业课程体系建设

一、跨境电商专业课程建设的现状分析

跨境电商是不同关境的交易主体借助线上商务平台进行交易支付，并由跨境物流完成商品送达的一种商业活动。和其他商业活动不同，跨境电商最大的特点就是无边界交易，一切信息都由电子邮件传递，冲破了地域限制。跨境电商基于信息技术、数字化服务展开，所以它也可以是无形的，甚至是匿名的。虽然当前跨境电商缺乏有关法律的监督、约束，存在逃税等问题，但不可否认的是，这一模式为交易双方带来了便利。作为经济一体化、贸易全球化的实现基础，跨境电商具有重要意义。“互联网 +”时代到来，跨境电商迎来风口，跨境电商专业也随之应运而生。其课程体系涵盖经济学、管理学、外贸、网络技术以及电子商务等多个学科知识，旨在培养具有较强职业能力、专业知识和良好职业素质的跨境电商专员。该专业要求学生能够理解跨境贸易电子商务的基本概念、政策，熟悉跨境第三方操作平台规则，掌握跨境电商操作的基本工作流程，具备跨境店铺运营管理、跨境服务与电商操作技术等业务能力。

目前，跨境电商专业课程体系的建设仍存在一些问题，主要表现在以下几个方面。

（一）专业课程基础条件不够完备

部分高校的跨境电商专业脱胎于电子商务专业，或者直接按照电子商务的人才培养模式设立课程体系，导致很多跨境电商专业真正的课程开展基础并不完善。跨境电商是一门交叉性较强的专业（学科），其包含的知识内容涉及计算机技术、商务英语、企业管理等多个学科领域。若要建立起科学完善的教学体系，不能仅在某一方面予以侧重，而应从多维角度夯实课程展开基础（条件）。另外，跨境电商的相关岗位需要从业人员了解并能有效掌握整个运营管理流程，而不是只需要缺乏某一单项领域的专业人才。因此，该专业的课程还应当体现出实践的连续性，即让学生透过整体的实践流程系统地掌握相关技能，而这恰恰是当前高等教育所欠缺的。

（二）实践课程设置缺乏相关经验

所谓经验不足，实际上是指众多高校在设置跨境电商专业特色课程和提供相应配套资源方面存在不足。一些院校不仅缺乏对跨境电商相关学科内容的补充和完善，而且对实践课程所占比重也未给予足够重视，导致许多必要的实践教学活动无法顺利开展。此外，一些院校由于实践经费不足，只能依赖单一的实训平台来提供实践机会，这制约了学生综合能力的提升；即使在资金充裕的院校，若缺乏对跨境电商产业链的整合能力，同样无法妥善处理产品供应、平台知识产权以及风险规避等问题。

近年来，虽有主流跨境电商平台推出跨境电商人才培养计划（如 Wish 推出的“星青年”计划、亚马逊推出的“亚马逊全球开店 101 · 时代青年计划”等），与各院校共同培养人才，但由于培养计划和相应的课程都是围绕单个平台的内容来展开，在对学生的综合能力锻炼方面仍存在不足。培养跨境电商人才主要分为三个方面：一是建立在国际贸易基础上的跨境电商人才；二是主攻计算机与信息管理方向的人才；三是借助与跨境电商企业的合作培养实践型人才。然而，教学方式较为落后，以讲授为主的教学仍占据了实践教学，在各项配套设施资源不足的情况下，学生很难得到充分的专业性锻炼。

（三）课程设置与行业需求对接不足

如果某些院校在电子商务向跨境电商转型的过程中，存在课程设置基础薄弱的问题，那么这些院校除了要明确区分电子商务与跨境电商，还应深入研究跨境电商专业所对应的市场需求。实际上，适用于跨境电商的电子商务课程数量有限，跨境电商专业的课程设置应专注于平台运营、供应链管理，并涵盖推广销售技巧、数据分析等领域，而传统的电子商务课程在这些方面往往缺乏明确的指导。此外，跨境电商涉及跨国交易，会受到不同国家政策、产业动态以及不同电商平台规则的制约。随着市场环境的快速变化，一些运营流程可能需要不断调整以适应新的挑战。如果跨境电商专业只是根据购买的专业课程开展理论和实践的教学，缺少对市场、政策变动的关注及对课程结构的适时调整，那么学生所学的内容会与真实的岗位需求不相符或不适用。因此，为匹配行业发展需求，学校及其他教育机构应调整不同类型人才培养比例，调研与分析跨境电商不同岗位对应的核心技能，进而建立一套系统的人才培养方案，让学生能够实现从理论到实践，从通识教育到专业教育的过渡，使培养出的人才与相关行业的匹配度越来越高。

二、基于工作过程导向的课程体系的优势

（一）工作过程导向的界定

工作过程导向课程体系的构建，是基于工作过程本身来设计的。这一课程体系旨在解决高等教育与实际工作需求脱节的问题。所谓工作过程导向，是指在实现工作目标之前，遵循一系列行为逻辑结构的管理学理念。① 这一理念在理论上强调，在主体需求与环境条件相互适应的过程中，应具备解决问题的功能，明确目标与预期效果之间的差距以及如何缩小这一差距的策略。这一策略可进一步细化为：将工程任务拆分为具体项目，将资源部署细化为布局规划，将项目的实施和布局的细节落实到具体的流程中。此外，流程也是组织内部进行权责分配的关键途径。

（二）基于工作过程导向的课程体系的优势表现

1. 助力完善跨境电商专业课程体系

工作过程导向的课程体系构建适用于高校的一个重要原因在于，其不仅强调实践教育，还注重对学生实践策略与思路的培养。工作过程导向的课程体系建立思路是根据专业人才的对应标准来设计系统的教学流程与方法，通过对专业涉及内容进行全面考查，完善专业指导方案和评价体系，从而达到对具有专业实践能力和相关策略、经验人才的培养，使其在专业相关领域得到长效发展。这对于跨境电商课程体系不完善的情况，可以起到良好的补充作用。由于有些院校的跨境电商专业脱胎于电子商务专业，对其他专业知识体系的吸收不多，这也造成了以往的跨境电商专业所培养的学生不能适应整个相关工作流程。而在工作过程导向基础上进行相关课程设置时，很多问题会逐渐显现出来，课程中缺少或不足的部分也会得到补充，如此，跨境电商课程体系将得到进一步完善。

2. 有效解决专业实践课程设置经验不足问题

构建以工作过程为导向的课程体系，能够促进专业实践经验向策略性统筹的转变，有助于将知识技能具体化，并依据实际工作流程构建一个系统化、全面且有序的教学体系。目前，众多高校在开展跨境电商实训课程时，倾向于使用模拟

① 余敏.基于工作过程的跨境电商专业课程体系建设研究[J].当代职业教育，2016（12）：47.

平台进行实践教学。然而，由于缺乏足够的实践教学经验，所选用的实训平台往往形式单一，实用性不强，这通常会导致实训效果不尽如人意。与此相比，少数具备条件的院校会指导学生使用真实的跨境电商平台进行操作。即使如此，这些院校在整合跨境电商产业链方面仍显不足，无法有效应对产品、供应链管理、平台规则以及知识产权侵权等风险问题。一些院校尝试与电商企业合作，但根据目前的合作成效来看，大型及中型企业出于风险控制的综合考量，与学校建立合作关系的意愿普遍不高。尽管小型和微型企业面临的风险较小，但其规模有限，无法为院校提供所需的发展支持。对此，基于工作过程的教学模式对于各院校开展跨境电商专业十分有利。其对分散实践步骤的串联可将实践经验转变成具体工作中的策略，为知识技能落到实处提供了途径。这种根据真实的工作逻辑构建的课程体系，比单纯的理论教学与实践教学的结合更为紧密、全面、细致，在很大程度上缓解了跨境电商专业实践课程设置经验不足的问题。

3. 有助于强化跨境电商育人与相关行业的对接

在该课程体系的指导下，学生不仅能够增强岗位适应性，还能在职业生涯中提高持续发展和创新的能力。由于目前针对跨境电商这一新兴业态所设置的课程较少，现有的课程体系未能充分关注跨境电商平台的运营细节，并且在供应链管理、产品营销与推广、销售数据分析等关键知识领域也缺乏深入的教学，学生的技能和经验难以与实际工作需求相匹配，无法满足行业对专业人才的迫切需求。只有在跨境电商课程体系中融入工作过程的教学方法，学生才会逐步培养出经济意识、互联网思维和国际化视野，他们的商务英语能力、跨文化交流能力、风险分析与控制能力以及数据收集与分析能力，才能得到相应的锻炼和提高。掌握跨境电商的全流程操作，意味着学生将能够独立完成平台注册、店铺开设、商品选择等任务。在团队协作过程中，他们甚至能够承担产品发布、营销策略、物流管理、发货、收付款以及客户服务等多个环节的工作。如果学生在踏入跨境电商行业之前就已经具备了这些能力，那么行业的人才储备无疑将得到显著增强。

三、基于工作过程导向的课程体系构建对策

（一）科学定位跨境电商课程的开展目标

对于一些院校开展跨境电商专业先天基础不足的情况，院校首先要做的就是对跨境电商与电子商务专业进行明确的定位区分，通过明确两者的不同，对跨境

电商课程设置进行重新规划，并完善此前未开展的重要教学内容。国内跨境电商岗位主要存在四个缺口，分别是产品专员、客服专员、运营专员与物流专员，涉及的技能包括国际商务、电子商务和商务英语等方面，需要相关人才具备跨境产品规划、产品销售、网站运营、业务沟通等综合能力，同时还要具备良好的职业道德和专业素养。由此可知，跨境电商专业人才培养与电子商务具有显著区别，涉及诸多交叉学科知识，而这样的对比分析也为跨境电商专业的课程设计指明了大致方向，即明确课程体系建设要兼顾学生的经济意识、互联网思维、国际视野、外语能力、跨文化社交能力、数据分析及风险抵抗能力等，最好将全业务流程贯穿其中，以便让学生对相关岗位有更系统的把握。需要注意的是，基于工作过程来完善跨境电商课程体系，应当从跨境电商所需的知识能力、专业技能和相关综合素养等方面入手，并予以细化，为课程开展的目标设定明确具体方向。

（二）工作过程贯穿跨境电商课程体系

针对跨境电商课程体系的目标定位，课程建设应紧密贴合实际岗位需求，通过实行理论与实践相结合、工作与学习相融合的教学模式，确保学习过程与真实工作流程同步，学习任务与实际工作要求相符，从而构建一个与真实工作无缝对接的课程体系。同时，应完善相关的教学设施和资源。例如，可以依据工作环境来设计教学环境，依据具体的工作流程和标准来设定课程内容，确保教学始终以行业发展趋势为指导，以实际项目为教学核心。通过以任务为导向的教学方法，培养并提升学生的实践技能，使专业教育在形式和内容上都能与岗位工作建立紧密的联系。基于此，理论构建的跨境电商专业课程体系可分为职业必修课（理论知识）、专业实践课（实践）、专业素质课（德育）三部分。其中，职业必修课要保证内容全面。例如，在电子商务基础上，增加英语听说、外贸口语、英语函电写作、国际贸易实务、跨境电商实务、SNS 营销与搜索引擎优化技术、网页设计及仓储实务等课程。专业实践课程则主要围绕跨境 B2C 实训、B2B 平台操作实训、电商专员能力培训展开。专业素质课既要注意对法律、思政内容的教学，也要对计算机基础等学科知识进行适当拓展。

（三）根据现实岗位需求开展情境项目教学

在课程具体实施过程中，各高校应当重视课程规划工作，提升实践教学环节所占的比例，确保实践教学的实效性，以此推动课程教学朝着理论与实践相结合的方向发展，避免理论与实践教学相脱节。以跨境电商实务为例，作为跨境电商专业的核心课程，其教学内容应聚焦于介绍进出口企业在跨境电商平台上的交易流程和方法。教师在授课过程中，应采用真实的产品和平台作为教学工具，通过理论知识与实际操作相结合的方式，让学生亲身体验相关工作的实际流程。同时，通过模拟真实工作场景，为学生布置具体的实践任务。在答疑环节，教师应将工作任务转化为教学情境，通过巩固具体工作任务的执行方法和标准，实现教学目标。教师在设计教学任务时要对市场环境、相关政策等要素进行标注，避免实训内容单一、落后、不合乎实际情况等问题。比如，跨境电商相关工作要求从业人员了解经济社会基本运作与案例、跨境电商涉及的法规政策、国际贸易的流程及专业用语和各平台的用户分布及消费习惯等方面的知识。在能力方面，则要求从业人员具有国际贸易操作能力、外语沟通能力，能够熟练编辑商品图片、设计美化店铺，完成售前、售中以及售后的相关工作。最重要的是，从业人员要有正确的价值取向和爱国精神，严格遵守行业从业准则，秉持严谨守信、务实创新的态度。这些都需要在课程设计中有所体现。

（四）强化教学资源挖掘，提高师资队伍建设

加强校企合作是推进跨境电商专业教学基于工作过程开展的有效途径，校企合作的深化可以帮助跨境电商专业教学加强对电商产业链的整合，解决实践过程中面临的一些实际问题，如风险管理、知识产权保护、平台运营规则运用等；同时，校企合作还能让一些跨境电商人才培养项目落地，使学生不仅能在人才培养项目中得到某一单项的训练，还能在实训基地（校企合作建设，可在校园内也可在企业内）体验更逼真、完善的项目运作，从而对整个跨境电商的相关工作及流程形成系统的认识。同时，校企合作还能推动双师队伍建设。在校企合作下，学校教师的教学水平可以通过交流合作逐步得到提升，而企业中的技术骨干也可作为校外实践导师，带领学生开展基于工作过程的教学活动，从而帮助学生积累工作经验。

综上所述，跨境电商专业作为近几年的新兴专业，从当前相关领域的发展态势来看，其就业前景广阔且光明。各高校应从与实际岗位对接的角度出发，挖掘适宜的教学模式，并对原有课程体系进行改进，以此提高学生的实践能力以及整体专业水平，进而为相关领域补充更多实用型人才。工作过程导向的课程体系构建，不仅强调了实践教学的重要性，还以岗位工作的开展流程、逻辑思维拓宽了

学生的全局视野，提高了学生制定策略的能力。对此，各院校应加强工作过程导向的跨境电商专业课程体系的构建与应用，推动跨境电商专业进一步发展。

第三节　跨境电商软件在跨境电商课程教学中的应用

随着互联网的不断发展和经济全球化的加速，跨境电商逐渐成为一种全新的商业模式，它以互联网为依托，跨越国界进行商品交易。跨境电商的快速发展，不仅改变了传统的商业模式，还为人们带来了更多的商业机会。跨境电商专业作为一个基于“互联网 +”、大数据分析和人工智能的新兴专业，其就业方向主要为跨境电商平台操作相关岗位，如跨境电商运营、业务、客服等，具有较强的实践性和技能应用性。以课堂为主的传统教学模式已经无法满足市场对跨境电商人才培养的需求，而跨境电商软件可以作为高校培养跨境电商人才的重要工具。由此可见，跨境电商软件的发展状况与跨境电商课程的教学效果密切相关。

一、跨境电商教学软件及其应用现状

（一）跨境电商教学软件的发展历程

目前，跨境电商教学软件在众多高校和培训机构中得到了广泛应用，根据跨境电商教学软件的开发和应用情况，大致可将其发展历程分为以下三个阶段。

1. 知识单向传播阶段

知识单向传播阶段主要是将传统的课堂教学与网络教学相结合，采用 PPT 等多媒体教学工具，讲授跨境电商的基本知识。这种教学方式虽然可以使学生更好地理解跨境电商的基本知识，但是缺乏互动性和趣味性，容易使学生感到厌烦和疲倦。

2. 知识双向传播阶段

知识双向传播阶段主要是将课堂教学和跨境电商教学软件相结合。首先，教师通过教学软件发布实训任务；其次，学生上机操作完成任务，教师可以实时了解学生任务操作情况，并对遇到问题的学生及时给予帮助；最后，教师和教学软件共同对学生的操作进行评分。这种知识双向传播机制，使教师能够及时掌握学生的操作进度和问题，帮助学生高效率地学习跨境电商行业的知识和技能。

3. 人工智能阶段

人工智能阶段主要是跨境电商教学软件开发智能化的虚拟仿真技术。一方面，利用 AR/VR 技术模拟真实的跨境电商环境，让学生在虚拟环境中进行实训操作并与教师进行互动。另一方面，软件能够根据学生的能力水平，自适应调整教学难度，这种教学方式可以使学生更好地了解跨境电商的运作流程和实际操作技巧，提高学生的实际操作能力和应对复杂情况的能力。

（二）跨境电商教学软件的主要功能模块

跨境电商教学软件的主要功能模块有以下几个部分。

1. 课堂教学模块

跨境电商教学软件可以作为课堂教学的重要组成部分。教师可以通过跨境电商教学软件，生动、形象地讲解跨境电商的理论和实践，提高学生的学习兴趣和课堂参与度。

2. 实践课程模块

跨境电商教学软件可以作为实践课程的重要组成部分。学生可以通过跨境电商教学软件，模拟真实的跨境电商环境和过程，进行实践操作，以提高实践能力。

3. 在线教育模块

跨境电商教学软件可以作为在线教育的重要组成部分。跨境电商教学软件包含丰富的实操教学视频和国际贸易专业理论知识，学生可以在线学习跨境电商的相关知识和技术，以提高专业能力。

（三）跨境电商教学软件的教学内容

目前，跨境电商教学软件大致可分为跨境电商模拟平台和跨境电商培训网站两大类。跨境电商模拟平台如步惊云、浙江航大科技开发（简称浙科）、优优汇联等公司开发的跨境电商实训模拟平台；跨境电商培训网站如速卖通大学、雨果网、京东跨境电商学院等。

跨境电商模拟平台以实际操作为主要内容，具体包括：①电商平台搭建。软件可以教授学生如何搭建电商平台，包括商家注册、店铺网站设计、商品管理、支付方式设置、物流运费模板设置等。②跨境贸易。软件可以教授学生如何进行跨境贸易，包括海外市场分析、客户服务、订单处理、采购、报关、物流发货等。③营销策略。软件可以教授学生如何制定营销策略，包括市场定位、品牌推广、促销活动等。④数据分析。软件可以教授学生如何进行数据分析，包括流量分析、用户行为分析、销售数据分析等。⑤团队管理。软件可以教授学生如何进行团队管理和加强团队协作，包括账号权限管理、团队分工等。⑥法律法规。软件可以教授学生如何进行知识产权保护、合规运营等。

跨境电商培训网站以文案和视频课程为主要内容，具体包括跨境电商行业政策及规则、运营知识和技能、实践操作示范和案例分析等。

（四）基于跨境电商软件的跨境电商课程教学设计

1. 搭建接近岗位工作流程的教学环境

跨境电商实训软件模拟了真实的跨境电商平台环境，其运营岗位及内容与外贸企业的实际工作高度相似。构建这样的教学环境，不仅能够有效地将教学目标与企业业务需求相衔接，还能够为学生设定更明确的标准学习目标。在教学过程中，教师可以借助跨境电商实训软件进行实践教学，从而提升课程的实操比重和教学成效。

2. 教学过程设计

教学过程设计依托跨境电商教学软件，以课程实操和任务实训为主。首先，教师对课程目标和课程标准进行任务分解，建立基于岗位工作任务的细分项目。其次，教师通过跨境电商实训软件发布细分项目任务，并上传与任务相关的知识讲解、实训指导等教学内容。最后，学生通过跨境电商实训软件接收任务并进行实践操作。在整个教学过程中，教师实时关注学生任务的完成进度和遇到的问题，并借助跨境电商教学软件实施项目驱动法和实践教学法，这样既可以提高学生主动学习的兴趣，也可以强化学生对专业知识和技能的理解和掌握。

3. 教学评价设计

首先，充分利用跨境电商实训软件中的自动评分功能，以步惊云、速卖通等模拟平台为例，从七个维度考核学生的技能：商品发布、物流管理、订单处理、营销策略、速卖通直通车运营、客户服务以及店铺管理。学生能够清晰地看到自己在每个环节的表现，找出自身的不足与问题所在。通过师生间的互动交流以及学生间的相互学习，学生能够在交流与问题解决的过程中，不断提高学业成绩和实际操作能力。

其次，跨境电商实训软件还具备记录学习进度、实操过程和自动评分等功能。教师可以利用这些数据，结合学生在课堂上的表现，对教学效果进行综合评估，从而使跨境电商课程的评价方法和评价过程更加科学、合理。

（五）跨境电商教学软件应用中的问题

首先，教学软件的内容和结构较为单一。通过对市场上跨境电商软件运用情况的调查发现，跨境电商模拟平台主要侧重模拟实训，而理论知识和案例教学相对较少，这使学生在操作指导方面的需求难以得到满足。与此同时，跨境电商培训网站则主要提供理论知识教学，模拟实训教学稍显不足。

其次，跨境电商实训模拟软件更新迭代的速度往往无法跟上市场的快速变化，导致与真实跨境电商平台的操作存在较大差距。例如，软件中的消费者行为数据和商品数据可能与市场现实脱节，加之学校在使用这些软件时常常采用单机模式，学生的操作实训在一定程度上受到了软件功能的限制。

最后，跨境电商教学软件在个性化和智能化方面存在不足。实训软件通常无法根据学习者的知识能力水平进行任务难度的自适应调整，这在一定程度上影响了学生学习效果的整体提升。

二、跨境电商教学软件性能的提升与优化对策

（一）跨境电商教学软件性能的提升建议

1. 更加多元化和综合化

首先，跨境电商教学软件应全面地涵盖跨境电商知识领域，如跨境电商税务管理、跨境电商风险控制等内容，提供更全面的跨境电商知识和技能教育。

其次，更多地引入案例教学。跨境电商的实践案例非常丰富，可以引入多种实操案例，让学习者能够深入了解跨境电商的运营情况，同时也能够提高学习者的实践能力。

再次，引入多种实用工具。跨境电商需要用到多种实用工具，如海外支付、海外仓服务、店小秘、独立站、社交平台推广等，引入这些实用工具，让学习者能够更加全面地了解和掌握其使用方法和操作流程。

最后，引入多种教学方法。可以采用如线上课程与线下模拟软件实践融合教学法、开发以跨境电商工作流为基础的学习项目、企业实习等，让学习者能够更加全面地学习跨境电商的业务知识和技能。

2. 更加实践化和仿真化

首先，跨境电商教学软件应通过模拟真实的跨境电商运营环境和过程，提供与真实跨境电商平台功能更为接近的教学内容，让学生能够在接近实际工作的模拟环境中进行实践操作，学习跨境电商的运营技巧，提升实际操作能力和团队协作能力，从而更好地为将来的跨境电商运营作准备。

其次，通过对大量模拟真实的跨境电商数据的分析应用，包括销售数据、用户数据、物流数据等，让学生能够更加深入地了解跨境电商的市场情况和运营过程，从而更好地应对实际运营中的各种挑战。

3. 更加智能化和个性化

跨境电商教学软件可以通过人工智能技术，根据学生的学习情况和兴趣偏好，提供个性化的教学内容和服务。学生通过个性化学习，不断掌握更加全面的知识体系。人工智能技术在跨境电商教学软件中的应用，可以提高学生的学习效率。

具体来说，要深化人工智能技术在跨境电商教学软件中的应用。其一，自适应学习。人工智能技术可以根据学生的学习情况和进度，加强学习过程中的交互，智能调整教学内容和难度，以达到最佳教学效果。其二，智能推荐。人工智能技术可以根据学生在跨境电商知识和技能方面的学习情况和兴趣，推荐相关的学习资料和课程，提高学生的学习积极性，加深学生的学习深度，拓宽学生的专业知识面。其三，智能评估。人工智能技术可以根据学生的学习情况和表现，进行智能评估和反馈，帮助学生及时发现并纠正错误，提高学习效率。其四，虚拟实验。人工智能技术可以创建虚拟实验环境，让学生在模拟的跨境电商环境中进行实践操作，提高学生的实际操作能力。其五，个性化教学。人工智能技术可以根据学生的学习情况和个性化需求，提供个性化的教学服务，满足学生的不同学习需求。

（二）跨境电商教学软件的优化策略

当前，虽然市场上已存在多种跨境电商教学软件，但它们在仿真度、综合性、可操作性、互动性和个性化等方面仍需优化。

1. 提高仿真度和综合性

首先，提高跨境电商实训软件的仿真度。仿真度是衡量教学软件能否有效模拟真实工作环境的关键指标。为了提高跨境电商实训软件的仿真度，开发者应深入研究跨境电商平台的操作流程、市场规则、法律法规等，确保软件界面、交易流程、支付方式、物流追踪等环节与实际操作高度一致。例如，可以结合真实的跨境电商平台 API，让学生在模拟环境中完成商品上架、订单处理、客户服务等任务，从而更直观地理解跨境电商的运作机制。

其次，增强跨境电商教学软件的综合性。综合性则要求教学软件不仅覆盖跨境电商的基础知识，还能融合市场分析、营销策略、供应链管理、风险管理等多方面的知识。为此，教学软件应内置丰富的案例库和教学资源，包括成功与失败的案例分析、行业报告、专家讲座视频等，帮助学生构建全面的知识体系。同时，增加如搜索引擎推广、社交媒体营销、海外仓管理、跨境支付与结算等高级功能模块的仿真练习，使学生能够掌握跨境电商的全链条流程，提升其在复杂多变的国际市场中的竞争力。

2. 增强可操作性

跨境电商教学软件的可操作性是指软件的易用性和良好的用户体验。为增强可操作性，可以采取以下措施。

第一，简化操作流程。优秀的软件设计应追求直观易用，避免复杂的操作步骤和冗余的功能设置。通过用户调研和测试反馈，不断优化界面布局和交互逻辑，使初学者也能快速上手。例如，采用图形化界面和拖拽式操作，减少文字输入，提高操作效率。

第二，接口设计要兼顾稳定性和灵活性。通过优化软件的架构和代码，提高跨境电商教学软件的稳定性和安全性。设置开放接口，支持不断增加新的功能，在跨境电商政策和流程发生变化的时候，管理者可以进行跨境电商环境设置和流程设置。

第三，提供完善的技术支持。建立高效的技术支持体系，包括在线帮助文档、视频教程、客服热线等，确保学生在遇到问题时能够得到及时响应和有效解决。此外，定期举办软件使用培训和问题解答会，增强师生对软件的熟悉度和信任感。

3. 增强互动性和个性化

跨境电商教学软件的互动性和个性化是指软件的交互性和用户个性体验。可以采取以下措施增强互动性和个性化。

第一，增加互动功能。软件应集在线讨论区、小组合作项目、实时问答等功能于一体，鼓励学生交流与合作。通过设置课堂投票、问卷调查等互动环节，教师可以了解学生的学习状态和需求，及时调整教学策略。

第二，提供个性化服务。每个学生都有其独特的学习路径和节奏，软件应支持个性化学习计划的制订，根据学生的学习进度和能力自动推荐适合的学习资源和练习题。同时，通过学习数据分析，为学生提供个性化的学习反馈，指出其强项和待改进之处，帮助其制订有针对性的提升计划。

第三，提高软件的自适应性。跨境电商教学软件应能够根据学生的学习进度等情况，判断学生的学习能力和技能水平，自动调整教学内容和难度，提高学生的学习针对性，全面提升教学效率。

总之，跨境电商教学软件作为一种新型的信息化教学软件，能够快速提升跨境电商专业学生的专业技能和综合能力，也是提高专业学生职业信息技术水平的重要工具。未来，跨境电商教学软件将会更加智能化、个性化、多元化和实践化，为学生的学习提供更加强大的支持。

第四节　基于产教融合的跨境电商校内实训基地建设

跨境电商的学科特点决定了跨境电商教学与实践结合的重要性。建立校内跨境电商实训基地能极大地弥补校外生产性实训基地的不足。由于传统的校外实践实训受到生产性制约，学生到校外的轮岗机会较少，而且轮岗时的工作内容简单且单一，难以激发学生的实训热情，同时也无法满足学生实训实践的创业需求。建立校内实训基地从根本上解决了这一难题。建立校内实训基地可以给予学生充分的实训实践机会，满足学生日常学习过程中的实训需求，满足学生的竞赛和毕业设计要求，提升学生的实践操作能力，培养出符合企业需求的复合型人才。

一、产教融合的提出与发展

（一）产教融合的提出

产教融合是教育领域的一个新兴概念，最初由高等职业院校基于职业人才培养的需求提出，并逐渐被其他教育层次采纳为人才培养模式的一部分。以下以江苏无锡市技工学校为例进行分析。该校在办学过程中，致力于高效、高质量地培养社会所需的技术人才，对传统职业院校的教学方案和人才培养模式进行了创新性改革。无锡市技工学校的改革旨在寻找一种能够实现学习与生产实践无缝对接的模式，让学生能够全面参与产品的生产过程，将理论知识与实际生产相结合，从而提升学生理论联系实际的能力和实践操作能力。产教融合的理念是职业教育响应时代发展需求的重要创新，这种模式适应了现代社会对人才的需求标准，并已被越来越多的教育培训机构采纳和应用。

"产教融合"这一理念引起了教育界的普遍关注，成为实践教育关注的重点。"产教融合的相关构想是一个从无到有、从模糊到具体的过程，这符合事物发展的一般规律，也更加符合教育发展的规律。"[①] 传统的职业院校人才培养模式——校企合作有其局限性，而产教融合在一定程度上弥补了一些缺陷，并在更深层次上实现了学生与生产实践的融合发展。学生与产业这两个主体的深度合作有利于提高教育行业与企业的发展水平，从而实现学校办学与企业效益的双丰收。

相较于校企合作，产教融合在合作深度、紧密程度以及结合形式上展现出显著差异。产教融合的核心优势在于其能够促成学校与企业之间深层次、高效率、稳定且紧密的伙伴关系。通过这种方式，学校在办学方面的实力和企业在发展上的需求均能实现互利共赢。产教融合培养模式有两个不同的发展方向：一是培养实践水平高、创新能力强的实用人才；二是培养以研发和学术研究为主的科研人才。无论是哪种培养方向，产教融合的最终结果都是一样的：学生适应社会的能力、个人综合素养得到了显著提高，能更加顺畅地完成从校园到企业、从学生到社会人的转变；企业获得了高素质的人才队伍。这势必促进区域经济水平的提高，进而推动整个社会的发展。这一连锁的发展链条让越来越多的学校和企业看到了新契机，并主动参与其中，产教融合因此进入了发展的快车道。

（二）产教融合的发展

产教融合的发展历程较为曲折。为了寻找最理想的合作模式，学校与企业这两个融合的关键主体，都经历了长时间的探索。最终，在共同追求双赢、共同承担责任、共享利益的发展理念指导下，双方在互补互助、相互制衡的关系中建立了合作关系。在产教融合的实践中，业界普遍认可的一种方式是：吸引在管理和技术方面具有优势的企业，加入校企合作联盟，企业以管理技能和技术专长参与生产，而高校则以学生资源和生产设备贡献于生产过程。学校与企业共同制订教学与生产计划，并在产品的整个生产过程中融入教学内容。通过这种方式，教师和学生能够掌握企业管理与产品制造的技术，学生能够熟悉具体产品的生产流程，同时企业也能在较低成本的投入下提升经济效益。这样，学校与企业的发展都取

① 黄艳．产教融合的研究与实践 [M]. 北京：北京理工大学出版社，2019：2.

得了丰硕的成果。

社会经济的发展除给职业教育提供基本的物质保障之外，还产生了以下影响：更多实力雄厚的企业加入了校企合作联盟，创造了优良的校企合作环境；学生有了更多实习机会和职业选择；教师个人素质全面提升，德才兼备、综合性强，教师队伍也更加壮大；经济进一步发展，人们教育观念得以转变；等等。

社会不断发展，对人才的需求类型也在不断变化，实践型人力资源是近现代社会发展的产物。实践型人才指的是能从事一线技术操作的专业人才，他们能将专业知识和专业技能很好地结合起来，并高效运用于生产实践中。他们有专业知识、有动手能力，是当今社会发展急需的人力资源。当然，随着社会的进步、教育事业的不断发展，实践型人力资源的定义也随之发生变化，但其关键要素是永恒不变的，即将专业理论知识与实践结合。实践型人才的培养，始终要坚持以培养实践能力为主，着重提高学生对理论知识的思考、掌握和运用，培养适合未来经济发展、社会发展的实践型人才。

诚然，实践型人才的培养仅是产教融合众多关键点之一，教师团队和合作企业的重要性同样不容忽视。在社会经济快速发展的大环境下，产教融合的层次正经历持续的更新与提升，对合作企业的品质与规模提出了更高的要求，实践型人才的培养策略亦需进行相应的调整。唯有学生、教师、企业以及社会各方面共同努力，院校才能有效地为社会进步提供宝贵的人力资源，为相关行业贡献先进的理论知识、技术指导，并提供必要的技术服务支持。

此外，院校注重产教融合的水平和达到的高度的原则不仅体现在院校自身专业设置、教学层面、管理层面产教融合的水平等微观方面，还体现在院校将产教融合办学模式提高到一定层次，提高为学生、行业企业、政府及社会经济发展服务的能力等宏观方面。同时，院校应保持自身资源优势，提高自身产教融合水平，提高与行业企业、商业协会以及培训机构等多方主体合作的深度，与地方政府、行业企业、商业协会等主体互利共赢。

总而言之，学校要不断调整自身适应经济发展的需要，并且争取成为经济发展的助推力量。社会主义市场经济背景下的产教融合，是一种集产、学、研于一体的融合模式，不仅具备教育和企业的多种功能，还具备随时应对产业结构调整和参与市场竞争的能力，是在学校、企业、行业以及社会相关部门的不同程度参与下形成的一种新的形式，肩负着助推职业教育改革和社会经济发展的重任。因此，产教融合的发展在很大程度上会影响经济发展。

二、产教融合跨境电商实训基地建设现状分析

产教融合跨境电商实训基地作为培育跨境电商专业人才的关键平台，其建设现状呈现出多元化特点。随着全球电子商务的迅猛发展，特别是跨境电商领域的日益壮大，院校纷纷响应市场需求，积极筹建此类实训基地。这些基地不仅为学生提供了模拟真实跨境交易环境的学习场所，还通过企业合作、项目驱动等方式，力求实现教育链、人才链与产业链、创新链的有机衔接。

在产教融合跨境电商实训基地建设过程中，一系列现实问题也逐渐显现。首先，实训基地常常面临理论与实践脱节的困境，一些基地过分强调理论知识的灌输，而忽略实战技能的培养，这导致学生难以将所学知识有效运用到实际工作中。其次，政府支持力度弱，由于缺乏充分的政策引导和资金援助，一些基地在资源获取和师资配备方面遭遇挑战。再次，校企合作的不顺畅也是阻碍实训基地发展的关键因素。尽管高校与企业都表现出合作意向，但在合作机制、利益分配、资源共享等方面常常存在争议，这限制了双方合作的深度和广度。最后，学生参与度低、主动性不足也是不容忽视的问题，一些学生缺乏对职业规划的明确理解，对实训基地提供的实践机会不够重视，从而影响实训的效果。

三、产教融合跨境电商实训基地建设的路径

（一）构建校内专业教师和校外企业导师教学体系

为有效推动产教融合，跨境电商实训基地需构建一套校内专业教师与校外企业导师发挥协同作用的教学指导体系。此体系旨在融合理论知识与实践经验，为学生提供全面且深入的知识。

在教学实施环节，依据不同教学模块的内容，科学规划课内教学、课内实训及课外实训的分配。课内教学与实训阶段，以校内专业教师为核心，他们利用自身的学术专长，为学生奠定坚实的理论基础。同时，邀请校外企业导师参与，将行业最新动态与实战经验融入教学，使学生紧跟跨境电商领域的发展步伐。

在校内实训软件操作方面，鼓励学生自主探索与实践，以加深理解。校内专业教师则负责提供必要的引导与解答，确保学生在遇到难题时能及时获得帮助。

当学生进入校内实训基地进行实训时，校外企业导师发挥关键作用。他们负责培训学生如产品拍摄、运营推广等实际操作技能，使学生能够亲身体验跨境电商的各个环节。此时，校内专业教师则更多地承担管理与引导的职责，负责学生的日常管理以及协助解决学生在店铺运营中遇到的问题，从而确保学生在一个真实且全面的环境中进行学习与实践。

（二）建立课内随堂实训—软件仿真实训—校内全真实训—企业实践体系

在课内教学过程中，根据教学单元项目进行配套实训，根据跨境电商工作的实际要求，把学习内容分解成不同的项目，在课内及时进行随堂实训。根据人才培养方案及教学计划，进行软件仿真实训。针对不同平台进行系统性训练，以亚马逊、速卖通、敦煌网、eBay、Wish 等平台为主，完成不同平台从账号注册到完成发货解决纠纷等全部实践操作内容。

在校内全真实训中，以学生和企业的真实店铺为基础，在校内教师和企业导师的培训和指导下完成真实的店铺运营。当完成校内全真实训实践后，学生进行企业实践，并根据自己的爱好和兴趣选择合适的岗位进行实践。这既能对学生进行综合性的训练，也结合学生的个人特点和兴趣特长，在实训过程中有所侧重，注重学生的个性发展与需求。

（三）建立实训基地全真实践

建立跨境电商孵化中心，在该中心下设跨境工作室、跨境孵化室和贸易部三个部门。其中，跨境工作室配备专业的摄像器材、道具以及适用于产品图片处理的电脑，搭建真实的产品拍摄场景，主要承担跨境电商业务过程中所涉及的视觉图像内容实训。这不仅是学生学习产品拍摄与图像处理的实训场所，也承担校企合作时企业产品图片拍摄与图片处理的工作任务。在实训时，学生根据企业要求对产品进行拍摄并按要求处理图片。此外，该工作室还面向校内师生提供拍摄基础培训。

跨境孵化室致力于为跨境电商创业者提供全方位的孵化服务。该部门的主要职责如下。①创业孵化与指导。为有志于从事跨境电商的创业者提供从项目策划、市场分析、商业模式构建到融资对接等一站式的指导和支持。②资源对接与整合。积极整合行业内外资源，包括跨境电商平台资源、供应链资源、物流资源、金融资源等，为创业者提供有力的资源保障。③项目孵化与加速。针对具有潜力的创业项目，提供个性化的孵化方案，帮助项目快速成长并实现商业化。④培训与教育。定期开展跨境电商相关的培训课程和研讨会，提升创业者的综合素质和业务能力。⑤政策咨询与服务。提供国家和地方关于跨境电商的政策咨询和服务，帮助创业者了解并享受政策优惠。

贸易部主要承担学生跨境工作的全流程全真实训。在此部门，学生进行个人店铺全真实训或者校企合作店铺运营全真实训。在进行个人实训时，学生以个人或2 ~ 5人组成小组进行跨境电商平台店铺运营，在敦煌网、亚马逊、eBay或Shoppe注册并进行身份验证，完成店铺开设工作，并按实训要求完成店铺装修、产品上传、图片处理、运费模板设置、产品详情页设计等工作；产生订单以后，学生自行完成订单发货、客服回复以及纠纷处理等工作。在实训过程中，学生遇到问题时可以随时得到教师的指导。在进行校企合作时，学生根据企业要求在亚马逊、速卖通、阿里巴巴国际站等平台进行跨境业务操作，完成产品分析及优化、店铺运营及推广等工作内容。通过个人实训和校企合作实训，学生掌握了跨境电商业务操作的全流程，有效地预防了操作风险。同时，个人实训和校企合作实训也为学生进入企业提供了宝贵的经验，缩短了企业对新进员工的培训时间，降低了企业的用人成本。

总之，跨境电商专业人才的培养是一项艰巨任务，当前已受到政府及相关部门的支持与重视。院校、联合政府和相关企业及行业，在完善跨境电商人才孵化基地的建设中应加强合作，以培养出符合市场需求的跨境电商专业人才。

第四章　跨境电商课程教学的多元化模式与创新实践

面对跨境电商行业的快速变化，课程教学必须不断创新以适应行业需求。本章将展示多种教学模式的创新实践，包括校企同频共振、专创融合、基于 OBE 理念的教学模式创新以及分阶晋级式实践教学模式等。这些模式旨在激发学生的学习兴趣，培养其创新思维和实践能力。同时，本章还关注以“学生为中心”的混合式教学模式，以期为跨境电商课程教学提供新的思路和方法。

第一节　校企同频共振的跨境电商课程教学模式

一、开展校企同频共振跨境电商教学的重要性

（一）行业需求及区域经济新增长的需要

当前全球产业链供应链正在面临巨大考验和挑战，亟须构建相对完整、关联密切、竞争力强的现代产业链体系。稳产业、补短板，强长板、促转型，成为各地“链长制”发力的共同方向。开展校企同频共振跨境电商人才培养模式、课程建设改革研究对于旺盛的行业需求及区域经济新增长具有很强的研究价值。

（二）提升跨境电商人才核心竞争力的需要

跨境电商行业的迅猛发展与专业人才短缺之间的矛盾，使高等教育机构在培养跨境电商人才方面受到了广泛关注。然而，目前的跨境电商课程教学模式仍面临诸多问题，主要包括：课程设置与行业实际需求不相匹配；课程内容缺乏实用性和针对性；毕业生的职业素养和实际工作能力不足，难以胜任岗位要求等。

近年来，全国各地正在推行产业链链长制，“链长制”是为了适应“双循环”新发展格局下产业管理的需要，对其产业政策形态所做的突破性尝试。通过实施“链长制”，从做实平台载体、强化要素投入、强化政策配套、提升人才培养规

格等方面，实现产业链、创新链、人才链“三链”融合发展的良好局面。因而，构建和创新新时代跨境电商职业发展的金课建设，着力对跨境电商人才链进行强链补链，打通跨境电商人才链“最后一公里”，提高人才培养规格和质量至关重要。以跨境电商类专业为研究对象，融入本土龙头跨境电商及外贸企业，提出服务地区链长制的高校跨境电商金课建设实践研究。以跨境电商人才链、行业企业需求痛点难点，课程教学规律、特征、主要矛盾为突破点，进行金课建设，采用任务驱动、模块教学、项目教学、项目孵化、成果认定、积分互换等方法贯穿教学工作全过程，提升跨境电商人才的核心竞争力。

二、校企同频共振的跨境电商课程教学模式建设路径

（一）将思政教育融入课程教学中，使思政课程成为操作与经营实践平台的核心

例如以任务书的形式将平台规则、外贸纠纷处理、支付结算等环节分配给学生。学生通过分工合作、小组讨论、撰写报告和分享总结来完成模块任务。这种结合岗位技能与思政理念的过程性项目化考核方式，旨在培养学生跨境电商所需的岗位技能、职业素养以及深厚的爱国主义情感，同时提升他们的职业道德意识和整体职业素养。

（二）融入专业技能“三竞赛”和职业资格证书全要素，重构跨境电商核心课程体系

将校内赛、行业赛、高校赛等专业技能竞赛的竞赛技术标准、竞赛项目和职业资格“1+X”证书的理论考核、技能考核等资源全方位、全要素地转化为课程标准、教学项目、视频资源、实训教学条件等教学资源和教学任务。创新核心课程训练实践，融入教师的职业素养和职业精神，通过任务驱动、模块化教学、项目化教学，根据课程任务的完成数量、质量、难度等指标设置合理的考核机制，实现专业技能竞赛、职业资格考核与教学效果互促共赢的良好效果。

（三）校企共建双导师项目工作室，双元培养学生“做中学、学中做”

以真实项目为背景，共建集培训、实操、运营于一体的校企双导师项目工作室。从岗位需求出发，具体分为图像处理工作室、跨境客服工作室、跨境运营工作室、新媒体营销工作室等。通过招募低年级品学兼优的学生进入虚拟订单班的形式签订校企服务合同，将企业项目带入课堂，将企业项目延伸至课后，实施分

组轮岗、项目竞争制和导师负责制，训练学生专项技能。制定学生成果认定与积分转换的标准与方法，重点突出以实践效果、技能水平过程性考核代替课程考核，让学生接受企业文化熏陶，提升学生职业技能和精益求精的工匠精神，真正实现教学服务社会的目标，提升学生的岗位胜任力。

（四）通过项目工作室提供的产品库、项目库等实战平台，学生能够自主选择并进行经营和服务外包活动

学生在掌握特定技能并通过工作室的考核后，可以与项目工作室签订合作协议，进而申请进行自主经营和服务外包活动，从而获得相应的收入。校企双方的导师会定期对学生进行选品策略、市场分析、产品包装等方面的指导，并对经营成果和盈利状况进行考核与质量把控。此外，实行项目竞争淘汰制和导师负责制，确保项目的高效运行和持续发展。

（五）政府、学校和企业共同构建多元化的创新创业基金，旨在孵化跨境电商领域的创业团队和精英人才

通过基金支持，可以建立双创新培育机制，专注于培育和孵化创新项目，激励学生自主创业，并致力于培养及扶持学生在电商领域的优质创新创业项目。

第二节　跨境电商平台实训课程专创融合教学模式

跨境电商平台实训课程是经管类专业的职业实践课程，是其他专业课程的延伸，是培养学生创新创业实践能力的重要课程，是学生大学期间接触的一门关于电商经营的实践课程，对培养学生的创新创业能力起到重要作用。因此，为满足对跨境电商实践人才的迫切需求，实现对具备专业知识能力的创新创业人才的培养要求，针对跨境电商平台实训课堂教学中存在的问题，设计相应的课程实践教学内容，打造符合学生需求的培养创新创业能力的专创融合课堂教学，创新课程的实践教学方法。

一、跨境电商平台实训课程教学中存在的问题

（一）跨境电商平台实训课程教学问题

跨境电商平台实训课程是市场营销、国际贸易与电子商务等专业学生必修的

课程。各高校教师在教学过程中，虽然已经把专创融合作为专业教学的必需要求，但由于各种条件限制，在跨境电商实训课程教学工作中仍存在以下问题：依然运用传统的教学模式教学；有实训但是只是简单地模拟实训，缺乏企业实践场景；企业实践基地建设面临资金匮乏等问题。

1. 专业实训课程面临的问题

首先，从专业实训课程的角度来看，跨境电商平台实训作为经管类专业的重要组成部分，其教学及学习过程中的问题不容忽视。学生虽然能够按照基本的学习要求完成模拟平台的基本操作，但这种模拟环境与真实电商运营之间存在显著的差距。模拟平台往往简化了复杂的商业环境，这会使学生在面对真实市场时手足无措，难以将所学知识有效应用于实践。

其次，毕业生在就业市场上也面临着诸多挑战。由于实训课程与真实电商运营的脱节，学生在毕业后往往难以快速适应电商企业的工作节奏和要求。同时，许多用人单位不愿招聘应届毕业生，认为他们需要花费过多的时间进行岗前培训。这种就业不理想的情况不仅影响了学生的职业发展，也反映了当前实训课程在提升学生就业竞争力方面的不足。

最后，毕业生在创新意识和创业能力方面的表现也令人担忧。由于实训课程中缺乏足够的创新元素和创业指导，学生往往缺乏面对社会竞争和市场风险的勇气，更倾向于选择稳定的就业环境。这种创新意识不足、创业率低的现象，不仅限制了学生的个人发展，也影响了整个社会的创新活力和经济发展潜力。

2. 学校创新创业面临的问题

第一，学校创新创业专门实施创新创业教育，在创新创业教学过程中，教学以理论为主，学生的学习倾向于获取学分，而不是获取创新创业技能。

第二，创新创业实践教学也缺乏具体的实践项目支撑，仅仅停留在举案例、写报告、做 PPT 等书面作业上，难以真正提升学生的创新创业能力。

第三，创新创业教育往往独立实施，与各教学单位及专业教学课程之间缺乏有效的关联和融合，导致学生在接受创新创业教育时无法形成完整的知识体系和能力结构。

（二）跨境电商平台实训课程教学问题的成因

对于专业实训教学及创新创业教育中出现的教学以理论为主、实训脱离企业、学生欠缺创新精神、创业能力等问题，其主要原因有以下几个方面。

第一，实训课程教学与创新创业教育过程中缺乏真正的企业实训平台。当前的实训教学往往停留在模拟操作或理论讲解层面，学生只是简单重复地完成一些基本操作，或以理论学习为主，未能深入接触企业的真实运营环境。这种教学方式导致学生难以将所学知识应用于实际，也无法真正体验企业运营的复杂性和挑战性。

第二，进行专业实训及创新创业实践教学所需成本高昂，这是制约实践教学开展的重要因素。企业运营涉及资金运作、企业管理、财务核算、生产运作和市场营销等多个方面，每一个环节都需要投入大量的资金、时间和精力。对于学校而言，承担这样的运营成本和风险是一大挑战，因此往往难以推进真正的实践教学。

第三，专业实训课程与创新创业教育的融合不足也是导致学生欠缺创新精神、创业能力的重要原因。在传统的教学模式下，专业教育与创新创业教育往往是割裂的，学生在学习过程中难以将专业知识与创新意识、创业能力相结合。这种脱钩现象导致学生虽然掌握了专业知识，但缺乏将知识转化为实际创新成果的能力，也无法在创业实践中灵活运用所学知识。因此，加强专业实训课程与创新创业教育的融合，培养学生的创新意识和创业能力，是当前教学改革的重要任务。

提升跨境电商创新能力，必须通过专业教育与创新教育的融合来实现，这要求我们从传统的课堂知识传授模式向培养学生专业知识与创新创业技能相结合的教育模式转变。传统教学模式过分强调理论知识的灌输，忽略了对学生实践能力的培养。因此，在“双创”（创新与创业）背景下，解决专业教育与创新创业教育融合的问题，培养能够适应岗位需求、具备实际操作能力的跨境电商创新创业人才，显得尤为迫切。目前，我们缺乏一种成本效益高、与企业实际操作相契合、满足社会需求的教学创新模式。为解决这些问题，教育工作者需要设计出相应的实践教学内容和方法，构建一套创新的专业教育与创新创业教育相结合的教学模式。

二、跨境电商实训专创融合教学模式的设计

跨境电商平台实训课程是一门极具应用性和实践性的专业课程。为了构建一个融合专业创新的实践教学模式，我们必须考虑影响跨境电商人才培养模式选择的多种因素。包括方向选择的影响因素——学校类型，基础支持的影响因素——教师能力，核心主体的影响因素——学生能力，以及促进力量的影响因素——企业合作。学校类型决定课程是否以应用型为主导，教师是否具备企业实践经验，学生是否具备接受企业实践运营的能力和意愿，以及是否能够找到愿意提供实践运营岗位的合适企业。在设定教学模式时，我们需要根据这些影响因素来制定相应的实践教学方案。

（一）打造跨境电商专创融合实践教学体系

1. 调整专创融合教材结构与教学体系

首先，要选用适合的应用型教材。教材以高校与电商平台合作编写的教材为主。这类教材由于有电商平台人员参与编写，在学习内容上符合电商平台真实的操作内容，实现了专业知识与实践操作的结合。因此，对电商平台具体内容的学习，能加强学生电商经营创新思维方法和技巧的实践训练。

其次，调整系列教材选用体系及使用衔接。针对跨境电商专业课程，可以从电商概论课程入手，采用跨境电商概论教材，进而过渡到跨境电商 B2B 立体化实战教材。同时，结合跨境电商模拟平台教程以及阿里巴巴国际站“百城千校”人才培养计划教程，共同构建一个综合性的跨境电商课程体系，实现专业理论与实践操作的有机结合。

最后，通过合作企业，降低学校自办实践基地的投入成本，企业导师参与设置企业实践教学教程。明确企业对专业人才的需求状况和岗位技能要求，设置专业知识教育与企业实践运营相结合的教学方式，指导跨境电商实训课程的教学改革，使教学内容和企业实践紧密结合，实践教学更具有专业针对性和企业适用性。

2. 传统的课堂讲解与实践相结合

传统的课堂讲解有其天然的优势，利于知识的分解与理论探讨，可以深入学习到跨境电商的专业知识。课堂讲解方式也便于教师发挥其理论知识雄厚的优点，清晰展示知识的结构与知识点的关联性，易于学生理解与进一步研究，但同时也缺乏具体的实践运用。实践是具体的操作与运用，在实践中，学生能够进一步加

深对知识的认识与理解。传统的课堂讲解与实践相结合的方式，使专业知识得到充分理解，并体现在具体的应用场景中，提升学生学以致用能力。

3. 专业知识与创新创业相结合

专业知识的理解通过课堂讲解与实践相结合的方式实现。但知识的创新拓展以及创业运用并不是单单靠理解就可以达到的，需要在进行专业知识学习与实践时，进行创新创业教育与引导。可以通过跨学科教学模式，将不同学科的知识融合起来，实现知识的互通和交流，从而激发学生的创新意识；也可以通过创业成功案例研究的方式，结合专业知识运用，引导学生提高创业意识。

（二）跨境电商平台实训专创融合实践的环节设计及内容

1. 专创融合实践环节设计

在实践教学任务设计时，根据专创融合的目标，结合应用型院校的人才培养目标、跨境电商岗位的要求、遵循学生职业能力培养的基本规律，通过学校与企业合作，引进企业导师，明确岗位工作内容和职业能力要求。在实践教学任务的设计上打破传统的单纯模拟实践的教学模式，重构跨境电商专业知识，结合创新创业能力培养的实践教学环节。按跨境电商岗位的实际工作内容设计实践教学环节，实现实践教学与实际跨境电商工作岗位的有效对接。根据跨境电商知识单元，结合学校的软硬件条件，设计出有效的教学实践环节。具体环节包括跨境电商平台认知与开通、店铺建设、产品发布与管理、店铺基础营销、商机获取与管理、客户管理、交易管理及数据分析等。在每个环节穿插相应的创新创业内容，以为社会培养具备专业知识与创新创业能力的应用型人才。

2. 具体企业实践教学内容设计

教学实践根据跨境电商团队实际运营方式，把学生分成 4~6 人一组，学习不同的业务环节，协助学生进行职责分工，由任课教师与企业导师共同进行有针对性的技能训练指导。具体实践内容设置如下。

实践一：跨境电商平台认知与开通。包括国际站规则认知、国际站平台开通、公司信息管理、证书上传与管理等内容。

实践二：店铺建设。包括图片制作与管理、视频制作与管理、PC 端旺铺装修、无线端旺铺装修等内容。

实践三：产品发布与管理。包括 Customization 产品发布、Ready to Ship 产品发布、产品详情页普通编辑、产品详情页智能编辑、产品分组与排序、产品管理等内容。

实践四：店铺基础营销。包括官方活动报名、折扣营销、优惠券促销、场景搭配管理、橱窗管理等内容。

实践五：商机获取与管理。包括采购需求提交与编辑、RFQ 商机获取、RFQ 商机管理、访客 EDM 营销、询盘分析与回复等内容。

实践六：客户管理。包括客户列表与分类管理、公海客户管理、客群管理、客户分析、邮件模板管理等内容。

实践七：交易管理。包括运费模板管理、起草信用保障订单、起草 e 收汇订单、订单回收站管理等内容。

实践八：数据分析。包括数据分析基础、店铺数据分析与优化、产品数据分析与优化、零效果产品处理等内容。

综合实践：在固定时间内完成一定数量的订单以及交易金额，由各组团队共同完成等内容。

（三）跨境电商平台实训课程实践教学的实施及教学评估

这样的专创融合实践教学方式，虽然既可以保证学生学到跨境电商的专业知识和技能，又可以完成企业的实践任务，既能提升学生的工作创新能力，又能培养学生的创业团队合作意识，但还需要配套的相适宜的教学评价评估办法来保障。

1. 跨境电商平台实训课程评价

综合成绩 = 课堂实训完成情况（40%）+ 企业实践测试成绩（60%）。

企业实践评分 = 开设网店 10%+ 店铺装修 20%+ 商机获取 20%+ 网店运营 20%+ 交易履约 20%+ 视频营销 10%= 产品销售业绩 100%。

2. 跨境电商创新创业项目评价

跨境电商平台实训课程在专创融合下的教学内容，在课程考核上可以实施以赛代考、以证代考、以项目代考等方式，学生可以申请以创新学分项目替换对应的课程考核成绩与学分。

三、跨境电商平台实训课程的实践教学反思

在跨境电商平台实训课程的实践教学中，专业教育与创新创业教育相融合的任务驱动型教学模式是实施校企合作实践教学的创新方法，是培养符合企业需求的学生的创新教育途径。构建专创融合的实践教学模式，有利于培养高校双师型

教师，有利于培养符合企业要求的人才，有利于创造性解决实践教学中的问题。

首先，在创新教学中要适当调整教材结构和体系，使用传统的课堂讲解与实践相结合、专业知识与创新创业相结合的教学方法，加强创新思维方法和技巧的训练。通过与企业对接，明确企业对专业人才的需求状况和岗位技能要求，使课程设置及教学内容更具针对性与适用性。教师除了掌握传统的校内实践教学方法，还要积极参与校企合作项目，让学生真正地在校企合作的联合培养中获利。教师要摆脱单纯地讲理论、举例子、做练习的教学方法，根据专业实际，从体验入手，加强实际操作，以提高学生的实践能力。

其次，在跨境电商实训课程专创融合实践环节设计中，要注意能力培养，提倡产学结合。在课堂教学中培养学生动脑、动手、动口的能力，鼓励学生实践；精心设计教学实践内容，培养学生的应用能力。通过专创融合改革固有的教学方式和教学手段，不仅能提高学生对专业知识的兴趣，更能全面提高学生的创新综合素质能力和创业创新能力，为学生提高就业竞争力提供坚实基础。

最后，跨境电商平台实训课程实践教学的具体实施及评估。一是专业课程的评估，以实用、够用、能用为原则；二是创新技能训练、创业意识及能力培育评估。技能训练分为校内训练阶段和校外企业强化技能训练阶段，应有完善的考评机制。教师要成为学生创新实践成长的引领者，学生知识建构的促进者，只有在充分总结知识教学成功经验的基础上，通过教学教育评估学生的专业能力、创新能力及其提升程度，才能实现教学方式的变革并体现教学成果。

另外，在跨境电商平台实训实践教学中，实施专创融合的任务驱动型实践教学需注意以下几个方面：一是在关键的实践任务设计方面。由于企业实际经营任务对于学生观念冲击较大，校内专业教师与校外企业导师要精心设计实践任务，既要保证任务能顺利完成又不能过于宽松，充分考虑学生的初始营销能力。应结合专业教师与企业导师意见，重点考虑校外实训基地经营条件，设计出帮助学生掌握跨境电商专业技能并提升创新创业能力的实践任务。二是需要校内外指导教师双管齐下。在任务驱动型实践教学中，教师要对学生进行技能方法等指导。当学生遇到困难时，教师及企业导师要及时给予具体的指导和帮助。三是课程考核结合任务驱动型实践教学方式可能会影响教学效果。考核中的任务完成模块，可能会让部分学生产生抵触心理，认为实践工作不是学习的一部分。因此，需要加强创新创业融合专业知识学习的教育，以更好地实现应用教育和实践教育。

第三节 基于OBE理念的跨境电商课程教学模式创新

“双一流”建设的提出既为各高校指明了发展方向，也对其提出了更高的要求。各高校应结合自身优势，凝聚特色，加强学科建设，不断深化课程教学供给侧结构性改革，以培养一流人才为核心，以市场需求为导向，以培养学生能力为出发点，结合不同学生的实际特点，制定差异化的目标和培养方式，从而提高办学质量和服务水平，为推动我国经济高质量发展输送高质量人才。本书结合我国当前跨境电商发展形势及该课程教学实践，基于OBE理念对该课程教学模式进行探索，以期为该课程教学模式的创新提出建设性意见。

一、OBE理念下跨境电商课程教学改革

成果导向教育理念（Outcome-Based Education，OBE），也称为能力导向教育、目标导向教育或需求导向教育，是一种以成果为目标导向，以学生为本，采用逆向思维方式进行课程体系建设的理念。

（一）基于OBE理念的跨境电商课程的教学目标

跨境电商课程是管理学专业的一门必修课程，主要讲授跨境电商的相关理论知识，包括基本概念、跨境电商模式、常见的跨境电商平台操作及相关法律法规等内容。为有效达到课程教学目标，多数高校设有实验课程，旨在让学生掌握常用交易平台的基本操作流程和各环节的操作技巧。在OBE理念下，教师应明确课程教学目标，根据教学目标选择教学内容。

第一，知识目标。通过学习该课程，学生能深入理解跨境电商的基本概念，了解跨境电商的前沿动态，系统掌握跨境电商的相关知识，如跨境电商的商业模式、法律法规、服务平台等。

第二，能力目标。通过学习该课程，学生应具备自学跨境电商理论与实务新知识的能力、分析并解决跨境电商实际问题的能力、良好的逻辑思维能力和跨境电商实务专业分析能力等。

第三，素养目标。通过学习该课程，学生应具备基于专业认知的国际化视野、服务大局的团队意识、良好的职业道德素养和深度的分析能力等。

明确课程的教学目标后，教师就可以将其逐一分解，根据教学目标设计合理的教学内容，选择合适的教学方法。

（二）基于 OBE 理念的跨境电商课程的教学实施

在确立教学目标之后，教师应当系统地整理每一章节的核心知识点，并依据这些知识点的重要性和难度，选择恰当的教学策略。同时，教师应及时淘汰过时的知识内容，确保教学内容与跨境电商领域的最新发展趋势保持一致。对于基础性概念，教师可以在课堂上简要介绍；对于实现教学目标至关重要的知识点，教师则应当进行深入讲解。以学生为中心的 OBE 理念强调以学生的需求为出发点，关注学生是否能够将课堂上学到的知识和技能灵活地应用在实际情境中，着重提升学生的实践操作能力。因此，基于 OBE 理念，教师在讲解跨境电商理论知识的同时，更应使学生对当前跨境电商发展形势有较好的把握，帮助学生有效提升实际操作能力，以适应社会对跨境电商人才的需要。跨境电商课程应以实践教学为主，全面培养学生的创新能力和应用能力，但也不能忽视对理论知识的讲解。当学生对跨境电商的相关概念、常见的电商平台特点等知识有一定的了解后，教师再将理论讲解与实践教学相结合，进而提升学生的专业技能。

（三）基于 OBE 理念的跨境电商课程的考核评价

当前，大多高校在跨境电商课程的评估上，主要依赖期末考试成绩和日常表现两个方面，这种评估方法较为单一，难以全面、客观、科学地反映学生的学习成效。这种评估方式与 OBE 理念并不一致。在传统的评估体系中，课程教学侧重于教师的课堂讲授和学生的被动接受，即使学生在最终的考核中取得优异成绩，这也并不一定意味着他们具备了显著的实践能力。因此，基于 OBE 理念，跨境电商课程的考核评价应结合教学目标建立科学合理的评价体系，从专业知识掌握情况、实践能力和创新能力等方面对学生进行综合评价，精准把握课程教学目标的完成情况，为教师后期有针对性地进行课程教学改革提供方向。比如，在考核评价中，采用小组竞赛、实习单位评价反馈或参加跨境电商创新创业大赛等多种形式进行综合评价。

（四）基于 OBE 理念的跨境电商课程的实践应用

在OBE 理念下，跨境电商课程的实践应用与其课程设计是密切相关的。一方面，教师应结合学生在跨境电商实操过程中经常出现的问题，如在上传产品、店铺运营或客服等环节常出现的问题，创设相应的教学情境，引导学生在情境操作中提高分析问题、解决问题的能力。另一方面，教师应充分利用实训平台和实习基地，通过操作实训软件，让学生熟练掌握常用电商平台的操作流程，提高学生灵活运用理论知识的能力。同时，教师带领学生深入跨境电商企业，使学生对跨境电商工作有进一步的认识。

二、OBE 理念下跨境电商课程教学改革策略

（一）创新课程教学理念

随着我国跨境电商行业的快速发展，社会对跨境电商人才的数量和质量要求日益提高，传统的课程教学理念已经不能满足社会发展对人才的需要。因此，高校亟须创新课程教学理念，改革课程教学范式，以充分调动学生学习的积极性，有效挖掘学生在跨境电商课程学习中的创造力。教师应结合当前先进的教学技术和手段，将 OBE 理念引入跨境电商课程教学中，积极进行课程教学改革实践探索。在课程教学实践过程中，教师要充分发挥现代教学手段的优势，以学生为导向，充分考虑学生的发展需求，转变过去被动式的教学方式，引导学生积极融入课堂，实现学生对跨境电商由感性认识到理性认识的转变，帮助学生结合专业优势，扎实掌握跨境电商专业技能，有效提高跨境电商课程的学习效率。

（二）变革课程教学手段

传统的教学方法已无法完全适应现代课堂的需求，必须随着教学理念的演进而灵活调整。传统教学主要依赖教师在课堂上的讲授来传递知识，学生则处于被动接受的地位。尽管课堂上也会出现师生互动，但学生的参与度有限，难以充分激发他们的学习热情。因此，教师应积极利用学生对新事物、新技术的兴趣，采纳创新的教学方法，转变传统教学中信息单向流动的模式，促进课程教学信息的多向和多样化交流。这样的转变有助于教师及时地了解学生对课程内容的掌握程度。在实践教学过程中，教师需要改变过去单向实训操作指导的方式，创设跨境电商操作的模拟情境，分组布置不同的任务，引导学生模拟演练不同的实践活动，帮助学生应对跨境电商交易过程中遇见的各种问题，培养学生分析问题和解决问题的能力。

（三）探索分组合作学习的课程教学模式

在当前的社会经济背景下，随着社会分工日益精细化，跨境电商行业不仅对从业人员的业务能力提出了更高要求，同样也对团队协作能力高度重视。因此，在教学实践中，教师应当积极采取并推行分组合作学习的教学策略，提升学生在

跨境电商领域的专业技能，培育学生的批判性思维和团队合作精神。通过团队协作，组内成员交流互动，共同完成某一项学习任务。实训环节能体现团队协作的重要性。实训环节包括基础实训、专项实训和综合实训三个模块。其中，基础实训主要培养学生关于跨境电商的基本操作技能，专项实训和综合实训则需要学生结合典型的跨境电商平台完成分配任务。实训环节能够强化学生的实践能力，实现学生从毕业到就业或从毕业到创业的无障碍衔接。

（四）依据岗位需求设置技能实训环节

在课程教学的实施过程中，教师应依据不同岗位的需求，安排相应的技能实训环节，以差异化和有针对性的方式培养学生，确保他们能够满足实际工作对职业能力的具体要求。同时，教师需明确课程的主次结构，将实训课程置于核心地位，基础理论课程作为辅助。这并不意味着基础理论课程可以被忽视，实际上，基础理论是实训课程的根基。通过理论课程的学习，学生将对跨境电商形成初步的理解，包括掌握跨境电商的定义、平台规则以及相关法律法规等。在掌握了这些基础知识后，学生通过参与实训课程，能够对跨境电商有更为深入和直观的认识。此外，教师还可以采用其他实践教学形式，比如，鼓励学生根据自己的技能优势组队参加各类跨境电商比赛、参与实习单位实践等；鼓励有能力和有基础的学生创业等。参加跨境电商比赛，能够有效提升学生的实践能力，以赛促学；能使学生清楚地认识到课程学习的成效及不足；也是学生展示自我的机会。在速卖通、阿里巴巴国际站及敦煌网等平台进行跨境电商营销实践，能够使学生将理论知识运用到实践中，既能检验学习成果，又能积累实践经验，学以致用，在干中学，充分发挥自身特长。

第四节　基于工作场景的分阶晋级式跨境电商实践教学模式

一、基于工作场景的分阶晋级式跨境电商实践教学模式的理论

（一）理论依据

基于工作场景的教学方法是以心理学家让·皮亚杰提出的建构主义理论为基础的。建构主义理论认为，学习者在仿真的情境中进行学习和体验，将促使他们

逐步建立自己的知识结构，通过这一过程，学习者对所学知识、技能的理解更深刻、更到位。同时，让·皮亚杰还指出要尊重学习者的认知发展规律，在教学设计时，应对模拟工作场景中的仿真工作任务根据难度进行分解，分阶段、分级别地对学习者加以训练，促使其理解知识和掌握技能的水平逐级递进、螺旋上升。

（二）实践教学模式的内涵阐释

基于工作场景的分阶晋级式跨境电商实践教学模式，是指在跨境电商实践教学中，不局限于单一岗位的操作流程，而是构建多个典型工作场景。这些场景充分模拟了跨境电商中多个岗位业务领域的交叉融合，形成了特定的工作情境。通过设计典型工作任务，再现真实工作过程中可能遇到的各种问题。结合学生的认知规律，教学内容分为初级、中级和高级三个阶段，逐步深入地培养学生的知识体系、职业能力和职业素质。在不同阶段采用不同的教学方法，确保教学内容的难度水平随着教学阶段的提升而螺旋式递增，以帮助学生在跨境电商相关知识、技能和素养上实现三级跳。

（三）实践教学模式的特征表现

基于工作场景的分阶晋级式跨境电商实践教学模式有以下几个特征。

1. 仿真性强

立足于跨境电商运营专员、跨境电商业务专员、跨境电商客服专员三个跨境电商核心岗位，依据岗位工作内容，按照跨境电商业务全流程，在实践教学中为学生创设九个高仿真的工作场景，并明确提出当前工作场景中的一系列工作要求。通过场景描述和工作要求说明，使学生充分了解自己担当的角色、目前所处的工作情境和应达到的目标，促使学生建立对未来岗位工作内容的初步认知，并帮助学生厘清工作思路、明确工作重点，为完成具体任务做好准备。工作场景大致描述和工作要求说明如下。

跨境电商平台的开店筹备。某公司打算通过跨境电商平台拓展国际业务，现准备根据自己的产品选择一个合适的平台来开设店铺。工作要求：①掌握公司业务情况；②了解公司经营或销售的产品；③了解相关平台，并能根据产品特点选择合适的平台；④了解相关平台规则。

平台建店。该公司打算在阿里巴巴国际站开通账号，现需要在平台上进行店铺注册。工作要求：①了解店铺开设流程，并能独立开通店铺；②了解选品规则，并能选出合适的产品；③了解商品发布的流程，并能管理商品。

店铺装修。为吸引更多的流量，该公司决定对平台店铺进行装修。工作要求：①使用图片美工工具来制作产品图片；②掌握网店首页和详情页的布局操作及内容策划；③了解基本配色原则。

店铺营销与推广。该公司的平台店铺正式开始运营。为提高业绩，该公司计划开展一系列营销与推广的活动。工作要求：①通过平台数据分析客户对产品的需求；②运用第三方数据工具分析数据；③运用平台营销工具和平台提供的推广营销方式进行站内推广引流；④运用站外推广营销方式来进行站外推广。

发报价、收询盘以及为客户提供售前和售中服务。店铺运营很顺利，收到了不少询盘，现在需要对这些询盘进行回复。有客户在线留言说对某产品感兴趣，现要与该客户进一步交流以争取获得客户的订单。工作要求：①能够分析询盘和回复询盘；②掌握成本核算的方法；③了解与产品相关的知识；④掌握基本的客户服务话术和技巧。

处理客户订单。经过一番磋商，客户下订单。工作要求：掌握后台管理客户及其订单的操作方法。

收款。客户下单后准备支付，先要为顺利收款进行后台设置。工作要求：①了解国际支付宝的使用；②了解各种跨境支付方式。

发货。客户下的订单量较小，现准备给客户线上发货。工作要求：掌握国际站线上发货的后台设置的操作。

售后服务。客户收到货物之后总体满意，但也就一些细节问题提出了疑问。工作要求：①运用客户服务相关技巧来处理售后问题；②掌握维护产品评论星级的方法。

2. 方式多样

在实施实践教学的过程中，除了利用跨境电商仿真实训平台让学生熟悉线上主流跨境电商平台的后台操作，还应积极寻求线下实践的机会，如进行市场调研、情境模拟和方案展示等。同时，定期举办各种技能竞赛和项目实战活动。通过多样化的实践方式，全面提升学生的职业技能和职业素养。

3. 梯度明显

针对跨境电商核心岗位的各项工作要求，在实践教学中设计了初阶、中阶和高阶等不同层次的工作任务。这些任务在难度和复杂性上呈现出清晰的递进性，有效避免了学生在重复基础训练的同时，缺乏中高阶技能的练习机会。在实践教学的过程中，这些不同层次的任务被合理分配到不同的教学阶段，教师需指导学生分阶段完成。通过这样的学习过程，学生不仅巩固了专业知识，还提升了职业技能和职业素养，为将来能够胜任相应的职业岗位打下了坚实基础。

以跨境电商平台的开店筹备的工作场景为例，其岗位工作要求之一是掌握公司业务情况，其初阶任务是在线选择一家公司，从相关渠道获取有关该公司的业务信息，并对该公司的业务情况作出分析与总结；中阶任务是模拟组建一家公司，并拟定公司的各项业务情况；高阶任务是跨境电商创业项目市场调研，撰写调查报告及创业项目实施方案。以店铺营销与推广的工作场景为例，其岗位工作要求之一是运用平台营销工具和平台提供的推广营销方式进行站内推广引流。其初阶任务是根据指定的要求在后台设置参与国际站平台的营销活动；中阶任务是根据教师所设定的市场环境，自主策划营销方案（优惠券、满立减、店铺打折、限时限量折扣等），并完成店铺后台设置；高阶任务是根据真实平台店铺产品的销售情况，使用国际站平台营销工具进行直通车推广。

4. 互动性强

在所需完成的各级别的工作任务的过程中，有一部分是以小组为单位，需要彼此通力协作、团队作战。这就要求学生之间要保持密切的联系、充分的沟通，同时学生还需要及时与教师交流以获得指导与帮助。较强的互动性促进了知识的传递、思维的发散和思想的集中。

5. 目标多元

基于工作场景的分阶晋级式跨境电商实践教学模式不仅旨在提高学生的实践技能，还能实现巩固职业知识、增强职业技能、提升职业素养三个方面的目标，可通过完成工作场景中的典型任务来实现。以发报价、收询盘以及为客户提供售前和售中服务的工作场景为例，通过完成回复询盘、核算报价、介绍产品、沟通交易条件等不同级别的工作任务，学生的外贸函电写作、国际贸易实务、商务英语应用等职业技能将得到加强，学生的信息分析、交际沟通、语言表达以及抗压能力等职业素养将得到提升。这将极大增强学生未来就业的核心竞争力，也有利于拓宽就业面及实现职业的可持续性发展。

二、基于工作场景的分阶晋级式跨境电商实践教学的实施

下面以跨境电商职业岗位工作场景之一的“发报价、收询盘以及为客户提供

售前和售中服务”为例，阐述该实践教学模式的具体实施方法。

（一）创设工作场景

创设工作场景是实施该实践教学模式的首个环节。以“发报价、收询盘以及为客户提供售前和售中服务”的工作场景为例，要综合考虑场景中跨境电商核心岗位的工作要求来丰富工作场景的细节。上述工作场景有四个工作要求：①能够分析询盘和回复询盘；②掌握成本核算的方法；③了解与产品相关的知识；④掌握基本的客户服务话术和技巧。在创设场景时，要明确发来询盘客户的相关信息，包括公司名称、所在国家、市场特点、客户姓名、性格喜好等；所发询盘的具体内容，尤其是所提出的具体要求；客户所询产品的详细信息，包括产品本身的材质、功能、成本、费用及客户与我方公司、店铺的详细情况。细节越丰富，工作场景越真实，学生沉浸式体验越深刻，同时也为学生接下来完成工作任务提供了详细的背景信息。

（二）设置工作任务

设置初、中、高三阶段工作任务是该实践教学模式得以有效实施的重要步骤。工作任务的要求在于：一要典型，通过执行任务，要能实现帮助学生提前了解职业岗位工作内容的目标；二要与工作要求匹配，确保任务完成后，学生能够基本满足岗位要求和胜任岗位职责；三要有梯度性，先简后繁、先易后难，既夯实基础，又适当拔高，既符合学生的认知规律，又助益其未来职业发展。三阶段任务均为跨境电商实际业务中的常见工作。其中，初阶任务为学生先仔细研读由教师提供的数封客户询盘，再根据客户的需求进行回复。此类书面回复，学生有充足的时间查找资料、寻找参考，因此难度较低。中阶任务为根据教师所提供的买卖双方的资料，学生分角色扮演买方和卖方，模拟真实情境在线交流。虽买卖双方仍然是进行书面化沟通，但任务设定双方只知自身情况，互不了解对方信息，需要通过在线交流，而且及时、迅速回复对方信息，难度升级，对学生的要求明显提高。高阶任务为学生分角色扮演买卖双方，卖方通过直播平台向买方介绍产品，双方通过平台进行互动。高阶任务的沟通方式由书面转为口头，买方自由提问，卖方临场发挥，随机应变，难度再次升级。通过上述三阶段任务，学生回复询盘及核价、报价技巧，对产品知识的了解，介绍产品的技巧，语言表达和沟通能力，抗压能力和心理素质都能得到有效加强。

（三）准备工作场景和工作任务

一是教师准备。教师应备齐模拟工作场景中所需用到的各种软件资料和硬件设备。以上述工作场景为例，需提前做好准备的有仿真实训平台软件、直播设备、买卖双方信息表、询盘邮件、产品成本费用清单、报价单、产品信息表等材料。

二是学生准备。学生要提前预习与工作任务相关的产品知识和专业知识，如回复询盘的写作步骤、价格核算的方法、报价技巧、与客户沟通的常用话术等，以确保工作场景模拟实践能顺利进行。

三是场景布置。根据事先设计的工作场景来布置实训场地，同时安排好相应的道具，使场景尽量真实。对某些无法真实呈现的场景，亦可借助多媒体投影仪等设备进行虚拟展示。

四是角色分工。角色分工可由教师指定，也可由学生通过抽签、掷骰子等方式自行决定，但尽可能确保学生担任“主角”和“配角”的次数均衡。

（四）执行工作任务

工作任务是实践教学具体实施过程的主线，分为低阶任务、中阶任务和高阶任务。在学生执行任务的过程中，教师须关注学生的状态，及时予以指导和帮助。例如，执行低阶任务“回复询盘”时，教师可引导学生对询盘中买方的需求进行分析，提醒学生有针对性地进行回复；执行中阶任务“在线交流”时，教师须提醒学生仔细研读背景信息，并在交流的过程中尝试引导买方选购店铺产品；执行高阶任务“直播带货”时，教师应重点考查学生在介绍产品时的语言组织逻辑和与直播间粉丝的沟通技巧，可在恰当的时候予以点评和建议。

本书尝试探索一种高效培养适应市场和行业需求的跨境电商人才的实践教学模式，该模式导入跨境电商实务的工作场景，分三阶段实施难度逐步升级的工作任务，使学习与工作一体化，实现教学过程与工作过程对接。该实践教学模式不仅关注学生职业知识的学习，更注重学生职业技能和职业素养的培养，以实现学生在跨境电商相关知识、技能、素养上三晋级。

第五节　以“学生为中心”的跨境电商课程混合式教学模式

“以学生为中心”的教育理念是一流本科课程建设和高水平本科教育的基本准则，“线上＋线下”“理论＋实训”的混合式教学既融合了线上慕课资源和线下课堂教学的优势，也糅合了理论讲授和实训操作的优点，可以更好地实现“以学生为中心”的教学目标。构建“以学生为中心”的“线上 + 线下”“理论 + 实训”的二元混合式教学模式，探索跨境电商课程的教学改革路径，有助于跨境电商课程教学质量的提高以及跨境电商专业人才质量的提高。

一、“以学生为中心”教育理念的内涵阐释

20世纪50年代，美国心理学家卡尔·罗杰斯提出“以学生为中心”教育理念，认为要把学生的自我实现作为教学的基本要求，所有的教学活动应围绕和服从学生的自我实现。1998 年，联合国教科文组织在世界首届高等教育大会宣言中提出“高等教育需要转向‘以学生为中心’的新视角和新模式”的观点，此后，越来越多的教育者在教学中运用“以学生为中心”的教育理念。

“以学生为中心”的教育理念强调在教学过程中将学生的需求置于首位。这意味着要深入理解学生，尊重他们的个性，为他们提供服务，激发他们的潜能，并给予鼓励。同时，教育者应尊重学生的个体差异，依据他们的学习基础、能力水平、具体需求及个人兴趣，提供个性化的学习支持，以确保每位学生都有机会获得成功。这一理念可以进一步细化为三个核心方面：“以学生发展为中心”、“以学生学习为中心”和“以学习效果为中心”。简言之，教学的目标是促进学生的全面发展，以学生的学习为本，并确保学生能够达到预期的学习效果。

需要明确的是，“以学生为中心”并不是说教学中教师的地位不重要，教师传授知识仍然是教学中必不可少的一个部分。教师除了传授知识，还需利用移动互联网工具，了解和掌握学生的学习状态，为学生提供有针对性的教学服务。“以学生为中心”教育理念最终要落实到课程中，课程是体现“以学生为中心”理念的“最后一公里”。教师在设计课程时，要把“以学生为中心”教育理念融入教学内容、教学方法、教学过程设计、教学评价等各个模块，以促进学生发展、学习和达到学习效果。

二、“以学生为中心”教育理念对跨境电商课程的解构

立足“以学生为中心”教育理念，对跨境电商课程的教学目标的设定、教学内容的选用、教学活动的组织、教学评价的构成等进行多维度深入分析，重新建构跨境电商课程框架。

（一）教学目标的设定

布鲁姆提出的教学目标分类法将教学目标细分为记忆、理解、应用、分析、评价、创造六个层次，基于这六个层次对跨境电商课程教学目标进行分层设定，具体包括：①记忆：学生掌握描述跨境电商概念、理论基础、分类方式的方法；②理解：学生具备区分跨境电商不同模式的分析能力，可以阐明跨境电商生态链构成；③应用：学生掌握运用跨境电商技术执行跨境电商基本业务操作的能力；④分析：学生学会分析跨境电商平台特征、概述跨境电商平台差异及原理；⑤评价：学生学会评论跨境电商效应、判断跨境电商发展趋势；⑥创造：学生学会设计跨境电商产品及运作流程。

（二）教学内容的选用

第一，以学生全面发展为中心，将跨境电商课程内容分为理论知识部分和综合性知识部分，其中理论知识部分包含八大教学模块，综合性知识部分包含六大教学模块。这十四个教学模块相互融合、相互补充。

第二，以学生学习为中心，将课程内容整合为学生可以自主学习的线上知识、学生需要在教师指导下才能学习的线下翻转课堂知识、学生需要经过实践操作才能获取的线下实践操作知识等。

第三，以学习效果为中心，将课程内容分解为系统可以直接反馈成绩的内容、教师经过分析后给予评价的内容、企业或学科竞赛等外部专业部门给予评价的内容等。

（三）教学活动的组织

教学活动分为课前线上导学、课中线下翻转教学、课中线下产教融合实践、课后巩固提升四个步骤，四个步骤依次进行，形成教学闭环。

（四）教学评价的构成

教学评价由线上学习评价、课堂评价、实训评价和期末评价四个部分组成，每个部分由 1 ~ 2 种考核方式构成，评价主体由教师、学生、企业共同构成。

三、“以学生为中心”的跨境电商混合式教学模式重构

（一）“以学生为中心”混合式教学模式的内涵

“以学生为中心”混合式教学模式巧妙地结合了线上与线下教学优势，融合了理论讲授与实践操作，形成了一种旨在促进学生全面发展的二元教学模式。这

种模式不仅有助于学生的学习，还能增强学习效果。混合式教学主要由线上教学和线下教学两部分构成。线上教学依托中国大学慕课平台的丰富资源以及雨课堂进行；线下教学则通过雨课堂实施翻转课堂，并利用跨境电商模拟软件及真实企业案例进行实训任务训练。

（二）线上教学模式

线上教学的课前环节是教师在雨课堂发布线上学习时间、任务及要求，并在中国大学慕课平台设置线上学习的慕课视频及相关测试题。课中环节是教师在雨课堂对学生进行签到管理、学生自主学习慕课视频和完成相关测试题、师生在雨课堂直播进行互动讨论。课后环节是教师对线上慕课学习进度、学生测试情况及互动讨论情况进行整理和总结。

（三）线下教学模式

线下教学分为线下翻转课堂和线下实训课堂两个模块，每个模块也都细分为课前、课中、课后三个教学环节。

1. 线下翻转课堂

课前环节是教师在雨课堂发布课堂讨论资料或案例，要求学生以小组为单位，对资料或案例进行学习和讨论。课中环节是教师首先对线上课堂易错点进行二次测试，并对章节重难点内容进行总结；其次，引导学生对资料或案例进行讨论，教师对学生讨论进行点评，并对资料或案例涉及的知识点进行讲解；最后，基于课堂中尚未形成一致意见的问题或者与案例相关的课外资料布置课后作业。课后环节是学生完成作业并提交至雨课堂讨论区，教师在线评价。

2. 线下实训课堂

课前环节是教师在雨课堂发布实训课程任务及相关资料。课中环节是教师指导学生以小组为单位开展实训，学生展示实训成果，生生互评、教师点评，最后进行课程总结。课后环节是教师布置实训延展任务，并对学生进行一对一指导。

无论是线上教学还是线下教学，抑或是翻转课堂、实训课堂，都设计了课前、课中、课后三个教学环节，这些教学环节都是基于“以学生为中心”的理念进行设计的。

四、"以学生为中心"跨境电商混合式教学模式的设计与实施

以跨境电商课程中的"跨境电商选品"为例，阐述"以学生为中心"跨境电商混合式教学模式的设计与实施过程。

（一）教学目标

根据布鲁姆分类目标法，将"跨境电商选品"教学目标分为六个层次，匹配知识、能力、素质三个层次课程目标和懂理论、善应用、求创新的人才培养目标，具体如表 4-1 所示。①

表 4-1 "跨境电商选品"教学目标

布鲁姆分类目标	本章教学目标	课程目标	培养目标
记忆	列举跨境电商卖家的产品策略，描述选品策略、定价策略的实施步骤	知识目标	懂理论
理解	区分跨境电商不同的产品开发策略，阐明跨境电商产品开发策略的构成要素和影响因素		
应用	运用跨境电商产品开发策略为跨境电商卖家开发合适的销售商品	能力目标	善应用
分析	分析跨境电商企业的产品结构，解构跨境电商卖家产品开发关键要素		
评价	评论跨境电商卖家的产品开发策略，总结成功跨境电商产品开发经验	素质目标	求创新
创造	收集跨境电商平台产品数据，研究相关国家政策对跨境电商产品开发的影响		

（二）教学内容及资源

"跨境电商选品"教学内容主要有跨境电商产品开发策略、产品开发构成要素、产品开发的影响因素、产品开发综合性任务等。具体教学资源如下。

线上慕课视频：中国大学慕课暨南大学《跨境电商理论与实践》第六章第一节"跨境电商选品和定价策略"视频。

教材内容：《跨境电子商务》第五章"跨境电商产品及货源策略"。

雨课堂：跨境电商时事讨论，课程 PPT，课后任务单。①跨境电商时事讨论：关于跨境电商选品新闻的分享；②课程 PPT：线上课堂易错点、线下课堂课程概述、案例讨论题；③课后任务单：小组作业，包括作业要求和评价标准。

① 邵海燕. 以"学生为中心"的跨境电商课程混合式教学模式研究[J]. 对外经贸，2024（2）：145-148.

企业培训资源和任务清单：关于跨境电商产品开发的培训资料、产品开发示例、任务要求、任务提交标准等。

（三）教学活动组织

跨境电商产品开发内容共需要4 学时完成，分为线上学习1 学时、线下翻转课堂学习2 学时、线下实训课堂学习1 学时。线上学习、线下翻转课堂、线下实训课堂都包括课前、课中、课后三个教学环节。课前环节由教师基于雨课堂发布学习任务、学习要求、学习资料，帮助学生了解本次课程学习目标、学习内容等。课中环节由教师指导学生开展慕课自学、案例讨论、小组展示、组间互评等，帮助学生掌握本章节重点内容、培养学生开发产品的能力、激发学生的创新意识。课后环节由教师总结学生学习情况、企业评价学生产品开发成果、学生对产品开发问题的延展研究构成，促进学生全面发展，培养学生学习能力，增强学生学习效果。

（四）教学评价与反馈

教学评价由个人评价和小组评价两部分构成。个人评价包括对阅读雨课堂公告、线上慕课学习及自测、线上师生讨论、雨课堂签到及答题等考核内容进行评价。小组评价包括对学习小组案例讨论、小组互评、产品开发作业、课后延展作业等考核内容进行评价。评价主体包括教师、学生、企业人员、中国大学慕课、雨课堂等。

总之，混合式教学模式是现代信息技术与教育的全面深度融合，使学生既可以在线下与教师面对面学习，也可以在线上自主学习；既可以在课堂学习，也可以在课前和课后学习；既可以跟随校内教师学习，也可以通过校外优秀平台学习。跨境电商课程混合式教学模式，不仅将线上慕课自学和线下翻转课堂相混合，又基于雨课堂将课前、课中、课后三个教学环节相结合，同时将校内实训和校外合作企业实践相融合，满足不同基础和学习动机的学生学习需求，教会学生跟踪最新跨境电商实践，提升学生的实践能力，实现“以学生为中心”的教学目标。跨境电商课程建设的目的是助力学生对跨境电商生态系统形成整体认识，提升学生参与跨境电商创新活动的能力，帮助学生树立服务国家外贸发展的价值观。此外，“以学生为中心”混合式教学模式的构建和完善可以实现其课程目标。

第五章　跨境电商人才需求与培养路径的实践探索

跨境电商的快速发展对人才提出了更高要求。本章将深入分析跨境电商人才的需求特点，探讨不同类型人才的培养路径。此外，本章还将研究基于校企联盟的人才培养路径以及数字经济时代人才培养的创新实践。通过这些实践探索，旨在为跨境电商行业输送更多高素质、复合型人才，以推动行业的持续健康发展。

第一节　跨境电商人才需求及不同类型人才的培养

一、跨境电商对人才的需求分析

跨境电商所需人才和传统意义上的国际贸易人才有着实质上的区别。跨境电商作为依托互联网和物流业发展起来的国际贸易行业，需要的是综合型人才。根据对众多跨境电商企业的调查研究，跨境电商人才需要具备接单制单、市场调研、市场开发、商务谈判、处理危机、英语听说、沟通协调、组织管理等能力。综合分析后，可归纳为以下几点。

（一）专业的商务知识能力

跨境电商是一项复杂的经济活动，电商人员应具有较为全面综合的商务知识，包括经济学、管理学、国际法学、营销学、税务、国际贸易学、电子商务等方面。[①]从业人员要了解并熟悉其工作领域相关国家和地区的经济发展状况及其贸易政策，能够运用国际经济学、国际贸易理论发展的动态去分析和评价某一地区或某一行业的发展趋势，同时在具体的工作中能够针对具体问题运用计量、统计、会计等方法进行分析和研究。由于跨境电商是国际贸易的一个分支，从业人员必须具备专业的商务知识和运用知识分析问题的能力，才能胜任这项工作。

① 刘莹.新时期我国跨境电商人才需求及培养模式探析[J].昆明冶金高等专科学校学报，2024，40（3）：13-18.

（二）网络营销能力

跨境电商依托互联网的迅猛发展而兴起，从业人员必须掌握网络营销技能，才能在电商领域取得成功。一个经验丰富的跨境电商运营专家不仅需要对跨境电商平台的规则了如指掌，还应精通运营策略，能够根据国际经济动态预测和把握平台的发展趋势。在网络营销方面，他们必须能够熟练掌握店铺装修、产品图片编辑与制作、商品上传、页面描述、产品优化、物流设置、支付方式配置以及订单管理等核心操作，并且精通售后服务跟踪的各个环节。此外，从业人员还应学会运用大数据分析技术研究消费市场的热点趋势，并据此开展有针对性的推广和营销活动，以实现对客户的有效管理和持续的业务拓展。

（三）语言交流沟通能力

语言是开展国际贸易的关键工具。精通并流利运用一门或多门外语，实现与客户的无缝沟通，是从事跨境电商活动的根基。从业人员不仅应具备流畅地与国际客户在线交流的能力，还应深入了解贸易伙伴的文化习俗和生活方式，并在互动中洞察其消费倾向。尤其是一些使用小语种的国家在风俗习惯上展现出独特的特点，因此在与这些使用小语种国家的客户沟通时，学会把握其消费心理至关重要，以便促成交易。

二、跨境电商人才培养模式探析

（一）跨境电商人才培养现状与不足

目前，越来越多的跨境电商企业开始意识到人才是企业可持续发展的关键要素。

为了满足不断增长的业务需求，增强市场竞争力，企业对人才的需求量在逐年增加。与此同时，跨境电商人才培养中的问题也逐渐浮现。

在跨境电商快速发展的背景下，培养专业人才显得尤为迫切。目前，我国在跨境电商人才培养方面仍处于起步阶段。尽管部分高校已经开始增设相关专业，但由于缺乏明确的行业标准和规范指导，课程设置往往呈现单一化。一些院校甚至依赖传统的国际贸易或电子商务课程体系来开展教学。对跨境电商行业的理解与分析不足，加之与行业企业的合作不够紧密，课程内容与企业实际需求之间存在较大差异，导致了众多院校培养出的人才与企业实际需求之间存在不匹配的问题。

此外，跨境电商人才的后期培养模式也存在不足。为了促进人员快速成长，一些企业在招聘人员之后，采取快速培训的方式，只针对具体的站点平台操作规程进行培训，因此，不能真正培养出具有长远发展能力和扎实专业技能的人才。同时，企业内部培训体系的建设还面临诸多问题，如忽视理论知识与创新意识的培养，从而导致跨境电商人才后劲不足等。

综上所述，跨境电商人才培养一方面是市场需求与人才培养之间存在脱节，即市场需求和人才生产之间的失衡，导致了人才培训的不匹配；另一方面是跨境电商行业变化快速，人才需求也在不断调整与升级，从而增加了人才培养的不确定性和压力。我们需要构建更加全面、高效的跨境电商人才培养模式，以确保跨境电商人才的快速成长，促进我国跨境电商行业的长足发展。

（二）跨境电商人才培养中问题的解决方案

围绕跨境电商人才培养的现状及存在问题，本书认为，应调整优化现有人才培养模式，着重加大人才培养总量、优化人才培养体系，以不断提高人才培养质量、充分保证人才供给的稳定性。

1. 学校和企业形成合力

学校和企业作为跨境电商人才培育和实践锻炼重要场所，必须积极探索跨境电商人才培养新模式。学校在充分了解企业对人才的具体需求后，要与企业保持密切联系，及时调整培养模式和课程内容，具体从以下几个方面开展。

第一，探索并开发多样化的校企合作办学模式，使学生能够接触到最前沿的互联网和跨境电子商务知识，从而提高人才培养的质量，满足社会对人才的需求。

第二，加强“现代学徒制”人才培养模式。教育部于2014年提出“现代学徒制”人才培养模式，到2023年已经成功完成了第三批近400个单位试点。通过深化产教融合、依托行业企业优质资源充分开展校企合作，实现校企合作协同育人，培养创新技术技能人才。

第三，持续加强“双师型”基地的建设。学校与企业携手培养兼具教学与行业经验的“双师型”教师。随着跨境电商行业的迅猛发展，市场变化莫测，教师只有深入企业进行学习和实践，才能实现知识的及时更新，进而提高教学水平和教学质量。

第四，充分利用企业资源，鼓励学生参加行业企业的“1+X”职业技能等级证书培训，将职业标准与校内专业教学标准对接。通过培训考证，学生可进一步强化理论知识，学习掌握职业核心技能。目前，跨境电商专业可获得包括“1+X”跨境电商B2B数据运营、B2C数据运营、跨境电商海外营销等职业技能等级证书。学生在培训考证的同时，不仅能获得岗位实战知识，还能获得岗位技能认证。

校企通过多种途径实现人才共育机制，跨境电商企业可以通过与高校、职业学校建立合作关系，联合制定人才培养计划和培养培训方案，建立适合行业发展的课程培训体系和考核体系，实现行业标准与课程标准对接。加强就业服务和引导服务，有针对性地对学生进行培训，让学生逐渐适应社会需求，了解相关职业。

2. 重视校外实践教学与校内实习实训的融合

校外实践教学与校内实习实训在培养跨境电商人才方面扮演着至关重要的角色。鉴于跨境电商行业高度依赖实践操作，学生必须掌握实际操作技能和积累相关经验。通过合理分配校外实践教学与校内实习实训的课时，提升学生的整体职业素养，不仅有助于学生增强自信和自我认识，还能培养出既有坚实基础、广阔视野、精湛技能，又具备强大适应能力的跨境电商专业人才。

此外，校外实践教学还可以帮助跨境电商人才全面了解行业潜规则。跨境电商行业的发展与变化速度都非常快，只有汲取前人的成功经验或者失败的教训，才能掌握行业的成功要素。校外实践教学相较于校内实习实训可以让学生身临其境地接触行业实践，体会到真实的境况和工作环境，并从实践中学习到良好的职场技能和经验，这将对他们的成长有很大的帮助。

3. 加大国际化人才培养力度

随着跨境电商行业的迅猛发展，企业面临着适应多元国家和地区商业文化及监管环境的挑战。这要求企业必须构建市场营销策略和管理机制，而这一切都离不开具备国际化视野和跨文化交流能力的专业人才。此外，在拓展海外市场时，企业必须寻找那些信誉良好、专业水平卓越的合作伙伴，负责关键任务的管理和协调，这同样需要具有国际背景的专业人士来担当。

跨境电商专业的学生应走出校园，走向国际，参与国际市场的实习实训，提高适应行业发展的实际能力。在网络技术的支持下，学校应注重学生的能力素质和职业技能的开发；充分利用国际优质教育资源的互联互通，联合世界各地的优秀高校，开展国际化课程、学生互访、教师交流等活动，培养具有国际视野和跨文化交流能力的人才。

综上所述，国际化人才培养是跨境电商人才培养的重要方向，需要高校以及相关机构加强实践教学、实习实训和国际化教育资源整合，为行业发展提供高水平的专业人才。

4. 构建科学合理的跨境电商人才评价与激励机制

人才评价与激励是现代企业管理中的重要环节，也是留住人才的关键。跨境电商行业发展速度快、门槛高，从学校培养出的人才可能无法适应快速变化的市场环境，易出现人才流失现象。

随着我国跨境电商市场的蓬勃发展，人才的保留与稳定供应对于企业的品牌形象、市场价值以及整个产业竞争力的提升具有决定性影响。因此，人才留存策略应成为跨境电商企业战略规划的关键。重视并构建科学合理的人才评估与激励体系，加强对人才的关怀与引导，打造优良的工作环境，完善福利保障制度，以及利用企业文化吸引和维系人才等。这些都是我国跨境电商领域人才培育的关键途径和有效方法。

当前，我国跨境电商行业发展迅速，市场规模逐年增长。多家知名跨境电商平台相继进入中国市场，推动了跨境电商的发展。同时，政府的扶持政策也为跨境电商行业创造了良好的发展环境，使得企业对跨境电商人才的需求不断增加。跨境电商涉及多个领域和环节，人才需求较为复杂，涉及市场营销、物流配送、法律风险等多方面。因此，企业需要招聘和培养具备可跨领域、有全局观和专业技能扎实的人才。但跨境电商行业所面临的风险和挑战，也不容忽视。电商平台的恶意竞争、知识产权维权难度、消费者维权意识的提升等都是企业面临的挑战。同时，全球经济环境和贸易政策的不确定性也对跨境电商企业产生影响，需要企业做好风险管理。未来，跨境电商行业需要大量的技术人才，特别是具有互联网技术、大数据分析、人工智能等高端技术的人才来推动我国跨境电商的智能化、高效化发展。这也给高校跨境电商人才培养带来了巨大挑战。

三、不同类型跨境电商人才的培养

（一）跨境电商物流人才培养

随着跨境电商市场拓展，对具备高级技术能力与国际视野的专业物流人才的需求急剧增加。物流人才要能高效管理复杂的供应链，掌握先进物流技术，具备解决跨文化交流难题的能力。但当前的人才培养体系未能充分满足物流行业人才需求，造成人才供不应求，制约着行业进一步发展。基于跨境电商物流行业概况，跨境电商物流人才培养质量提高的必要性，本书提出了有针对性的质量提高策略，以支持物流行业应对全球市场挑战。

1. 提高跨境电商物流人才培养质量的必要性

（1）跨境电商市场扩张对人才的需求。随着全球电商平台的不断发展，对能高效管理复杂国际物流操作流程的人才需求急剧增加。这类物流人才不仅要具备处理国际运输、海关清关、税务以及各种监管要求的能力，还需具备优化供应链、降低成本，提高客户满意度的能力。这些能力可帮助企业更好地应对国际市场的变动，如货币波动、政治不稳定、贸易政策的改变。[①] 因此，跨境电商物流企业亟须可跨文化工作、拥有国际视野、利用先进技术来优化物流过程的复合型人才。从长远来看，对跨境电商物流人才的培养不仅能提升企业的竞争力，还能推动整个行业向更高效、更可持续方向发展。

（2）物流产业国际化经营的专业化要求。物流产业的国际化经营不仅要求从业人员具备基础的物流操作技能，还必须展现出卓越的专业化水平和策略性思维。随着全球化的不断深入，物流企业所面临的挑战涵盖了适应各国法律法规、文化差异、技术标准以及市场需求的多样性。它们需要提供符合国际标准的服务，如获得国际标准化组织认证、实施安全管理、执行质量控制等。此外，了解国际贸易的各种条款，包括国际贸易术语解释通则和国际海运规则等，对于确保服务在全球范围内的统一性和可靠性至关重要。

在国际化经营过程中，物流企业还需具备灵活应对跨国业务的能力，如通过多模式运输（如海运、空运、铁路、公路）整合全球资源，在不同经济环境中稳定运作。物流人才要具备高度的战略规划能力与危机管理能力，以便在全球经济波动时保持业务的连续性。物流企业国际化发展还需要对新兴市场有一定的敏感度和适应能力，如熟知不同国家和地区的特殊需求，制定符合当地市场的物流解决方案。

（3）数字技能在物流行业的地位逐渐提升。如今，数字技能已经成为跨境电商物流行业的重要竞争力。随着数字化转型的加速推进，物流行业正经历着从传统手工操作向技术驱动的自动化和智能化转变。现代物流系统利用先进的信息

① 颜谢霞. 我国跨境电商国际物流管理模式及优化 [J]. 齐齐哈尔大学学报（哲学社会科学版），2017（9）：61-63.

技术，如物联网、人工智能、大数据分析和机器学习等，提高物流效率、优化运营成本、提高决策质量。通过实时数据追踪和分析，物流企业能够实现货物的精确追踪和库存管理。大数据分析可以优化路线规划和货物分配，从而减少延误，提高跨境电商物流供应链的透明度和可追溯性，增强风险管理能力。

基于此，物流人才培养策略须适应技术趋势，注重数字技能、技术应用等方面的培养，包括基础的IT技能，以及数据分析、网络安全、自动化系统操作等专业技能。因此，随着物流行业对高效率、高质量服务的需求日益增加，培养具备高级数字技能的物流专业人才就显得尤为重要。

2. 跨境电商物流人才培养质量的提高策略

（1）强化跨境物流操作的专业认证，提高物流人才专业素养。

首先，可建立与国际标准相匹配的认证体系，覆盖物流管理、供应链优化、关税、贸易法规等核心领域。认证过程中要加强对实际操作技能的考核，确保认证持有者能在真实的跨境电商物流工作环境中应用专业知识。

其次，可与国际物流认证机构如国际物流与运输协会合作，引进先进认证标准与教育资源。同时，高校与职业培训机构应与业界密切合作，定期更新课程内容，确保教学与行业需求同步。

最后，加入实习环节，使学生在获得理论知识的同时，积累实际工作经验。此外，企业内部也应开展定期的专业培训和技能复核，促进员工持续学习与职业发展。

通过以上措施，不仅可提高跨境电商物流行业的整体专业水平，还能增强个体从业者的职业竞争力，使物流人才更好地适应国际市场的复杂需求，推动跨境电商物流行业的可持续发展。

（2）设立国际物流案例研究中心，完善跨境电商物流人才培养体系。

国际物流案例研究中心的主要任务是收集分析全球物流案例，特别是跨境电商的成功案例，为跨境电商物流产业企业、高校跨境电商物流专业、从业人员等提供真实的学习材料。

首先，国际物流案例研究中心应与国际物流企业、电商平台、学术机构建立合作关系，确保获取最新行业资讯与案例资源。合作伙伴可提供实际操作案例，包括供应链管理、风险控制、客户服务优化等领域。

其次，国际物流案例研究中心要配备专业的研究团队，负责从战略、操作层面分析案例，提炼出可供教学的要素。

再次，国际物流案例研究中心应定期举办研讨会、讲座，邀请跨境电商物流行业专家分享行业经验与技术见解，从而增强物流人才培养方案的实用性与前瞻性。

最后，为使案例研究成果更加系统化、标准化，国际物流案例研究中心应开发完整的教材与在线资源库，教育资源能支持全球范围内的高等教育机构与物流产业企业进行人才培训。通过这种方式，不仅可提升跨境电商物流人才的实战能力，还可促进行业知识的传播与国际合作的深化，达到完善人才培养体系的目的。

（3）搭建产教融合基地，拓宽物流人才发展空间。

首先，高校与物流企业之间要建立稳定的合作关系。通过产教融合，整合教育资源与行业实践，设计符合跨境电商物流行业需求的课程与实训项目，例如，共同开发课程、设立实习基地、进行师资交流、共享行业资源。

其次，产教融合基地应聚焦于创新技术研发，促进学术成果与行业技术的双向流动。基地可定期组织行业学术界研讨会、工作坊、竞赛活动等，从而为学生提供实际操作的平台，也能为企业带来发展新思路。

最后，为确保产教融合基地在人才培养方面取得最佳成效，可构建一套评估和反馈机制。通过周期性的教学成果和项目执行效果评估，适时调整教学内容和教学方法，确保教学活动与行业发展趋势保持一致。产教融合基地若与国际物流组织建立联系，将有助于拓展合作网络，提升基地的人才培养质量和物流行业的影响力，从而打造一个双向互利、共同发展的教育与行业平台。

（4）建立国际合作交流平台，推动传统物流人才国际化发展。

一方面，跨境电商物流产业可与国际教育机构、行业协会、国际知网物流企业建立合作关系。定期组织国际会议、研讨会、工作坊短期交流项目，为物流专业人员提供跨文化和国际业务学习和实践的机会。

另一方面，可构建多语言的在线平台。该平台不仅可提供行业新闻、案例研究、教育资源，还有专业人士之间的互动与经验分享。在线论坛、虚拟会议室可使来自不同国家的物流专家、物流专业学生、教师在不受时空限制的情况下进行跨境电商物流行业学术交流，共同探讨行业发展趋势、面临的挑战及技术创新方案。通过多维度的国际合作交流，传统物流人才能获得必要的国际化技能，为适应全球化市场的需求做好准备，推动个人与行业的整体发展。

综上所述，随着全球电商市场的扩大与物流技术创新，对专业化、国际化的物流人才的需求更加迫切。强化专业认证、设立物流案例研究中心、搭建产教融合基地及建立国际合作交流平台等措施，可为跨境电商物流行业培养出能适应国际化市场需求的高素质专业人才。这些策略不仅能提升个体从业者的职业技能与国际竞争力，也可为跨境电商物流行业的可持续发展与全球化进程提供坚实的人才支持。

（二）高素质复合型跨境电商人才培养

1.“三教”改革与跨境电商人才培养概述

在跨境电商人才面临数量和质量双重压力的情况下，高校作为应用型人才培养与输出的主力军，在跨境电商人才培养方面应当积极承担新时代赋予的使命。而熟悉物联网、人工智能、大数据等新技术，具有创新思维、国际视野、良好外语能力和行业营销能力的高素质复合型人才是支撑跨境电商高质量发展的关键。教师、教材、教法是高校三大教学要素，“三教”改革也是影响高校人才培养最直接、最重要的因素。

在教师改革方面，通过校企共建“双师型”教师培训基地，实行内外结合的教师培训方式，提高“双师型”教师职业素养。此外，培养应用型和创新型的跨境电商人才还要借助多元师资团队，除校内教师外，团队成员还应包括跨境电商企业家、跨境电商平台的运营人员、政府机构制定和执行相关政策的人员、风险投资公司及银行金融机构从业人员等。在教材改革方面，目前高质量跨境电商教材偏少。在跨境电商的教材编写和选择过程中，应当组建专门化教材评估小组并对教材使用过程中和使用后的效果进行追踪与反馈。在教法改革方面，在建立基金组织机制、运行机制和利益机制的前提下，进行产教融合及项目实践式人才培养模式探索，以完成企业真实任务的方式开展教学，实现企业与学校的联盟，使产教协同、校企协同育人模式真正落地。

当前的实践与研究在一定程度上拓宽了跨境电商人才培养的途径。然而，在新商科发展的背景下，如何培养具备最新科技工具掌握能力的高素质复合型跨境电商人才却很少被探讨。此外，由于我国的跨境电商产业发展迅速，高校的跨境电商专业建设与地方产业发展的适应性并不强，专业建设和课程设置缺乏经验，人才培养的目标定位不够明确且培养模式普遍缺乏特色。

2. 基于“三教”改革的跨境电商人才培养路径

（1）构建“政行校企”协同育人机制。高校作为应用型人才培养与输出的主力军，应在推进产教深度融合的过程中发挥主导作用，协调政府、行业协会与企业各方之间利益关系，构建校企协同育人机制。首先，高校应积极谋划，充分利用校内的智力、人力、平台等资源，提前专业布局，主动协调多方资源，实现专业链对接产业链。其次，地方政府应出台导向清晰的产教融合激励措施，确保各项政策精准落地、便于实施。在资金、人才待遇等方面给予高校与企业切实的帮助，提高学生就业质量，推动跨境电商企业向智能化、数字化方向发展。再次，行业协会应把握跨境电商产业发展的最新动态，及时将新技术、新模式、新业态传递给高校，确保高校能够及时更新课程体系、拓展教学内容，进一步提高跨境电商人才培养目标与岗位需求的匹配度。最后，地区内的跨境电商企业应充分利用运营管理的实战经验，定期与高校开展交流活动，不仅可以通过企业导师的形式为高校提供优质实践教学师资，还可以通过安排校内教师参与管理的方式，为企业发展提供智力支持。

（2）坚持内培外引打造多元师资。教师在教学改革中扮演着重要角色。高校教师队伍主要由两大部分构成。一部分是系统接受过学校教育的高学历毕业生，他们普遍拥有硕士及以上学位，但往往缺乏企业实践经验。另一部分是从企业全职或兼职引进的高级技术技能人才，他们经验丰富，但对学校的理论教学可能不太熟悉。此外，跨境电商专业成立时间较短，涉及的知识领域广泛，这也是专业教师面临的一个实际挑战。

针对以上问题，高校应通过内培外引的方式打造一支高水平教师队伍。一是减少教师除教学工作以外的事务性工作，通过职称评选、绩效发放等手段激励教师参加高质量的业务学习培训，建立教师工作坊，积极培养骨干教师，打造优秀教学团队。二是建立制度保障教师全员参与顶岗实习，通过对业务流程的全过程参与，深入了解跨境电商各岗位的技能需求，从而更好地开展课堂理论教学。三是搭建长期合作平台，积极引进岗位能手、精英名匠进校园进课堂，指导校内实验实训设施建设，并将最新的实操技能与行业动向及时分享给学生。四是定期举行研讨会，紧扣跨境电商产业发展动向，邀请学者与行业专家围绕产业发展、专业建设和职业规划开展专题讲座。

（3）加强校企合作，开发新型教材。教材构成了教学活动的基础。跨境电商教材必须全面融入能力本位的教育理念，助力学生实现长期发展，并且要基于岗位需求，强调任务导向的重要性。教材的开发应兼顾学校与企业，通过校企合作的模式，结合实际岗位的工作流程，为不同岗位、不同类型的学生量身打造个性化教材。在引入前沿知识、技术与流程的同时，还应深入融合工匠精神和爱国情感。《国家高等教育改革实施方案》明确提出了倡导使用新型活页式、工作手册式教材并配套开发信息化资源。与传统教材相比，活页式教材可以根据跨境电商行业动态和各个岗位所需的核心能力构建个性化的学习单元，而工作手册式教材则能够将职业能力落实到具体的操作流程中。此外，传统教材受到出版流程和出版周期的限制，无法根据专业和行业发展及时更新，且难以形成体系。而新型教材可以充分利用信息技术，不断扩展表现形式，为跨境电商的人才培养提供丰富的素材。

（4）采用多种方式，深化教学方法改革。教师的角色应从单纯的知识传授者转变为学习的促进者，采用项目教学、情境互动等多种创新教学方法，培养学生的自主学习和创新创造能力。首先，应将信息化技术融入教学全过程，充分利用智慧教室、虚拟仿真等现代教学工具，将知识点按照具体的项目和任务进行系统化整合，形成连贯的教学方案。在教学互动中，动态更新微课视频、在线题库、电子阅读材料等教学资源，高标准构建跨境电商教学资源库。其次，以职业技能大赛为平台，推动多样化的实践教学，将大赛资源转化为教学内容，通过比赛与教学的结合，建立递进式的技能训练和成长路径。最后，进一步加强产教融合和校企合作，共同建立产业学院，实现教学标准与职业标准的对接、实训过程与工作过程的对接，从而稳步提升学生的职业核心能力。

总之，在加快打造国内国际双循环相互促进的发展格局背景下，跨境电商呈现出巨大的发展潜力，而高素质复合型跨境电商人才却面临巨大缺口。高校应将“三教”改革作为高质量发展的重要抓手，构建“政行校企”协同育人机制，坚持内培外引打造多元师资，加强校企合作，开发新型教材，采用多种方式深化教法改革，探索符合新时代发展要求的跨境电商人才培养路径。

第二节　“1+X”证书制度下跨境电商应用型人才培养

现今，“1+X”证书制度在部分专业教育领域的运用，有效提高了我国高等人才培养质量。未来跨境电商应用型人才培养，也应以“1+X”证书制度为载体，推进课程体系的建设，提高人才培养质量及教育水平，以充分发挥基于“1+X”证书制度的跨境电商应用型人才培养优势。

一、“1+X”证书制度应用于跨境电商应用型人才培养的意义

“1+X”证书制度是指学生在取得学历证书的同时，获得多种职业技能等级证书。目前，部分高校在日常学习教育中积极推行“1+X”证书制，强调“X”的重要性，即重视培养学生参与职业活动和职业发展所需的综合能力，促进学生综合素养的形成。高校为学生提供毕业、结业、转职等多种出口，以提高学生的全面发展能力，鼓励学生多样化选择、多途径成长。①“1+X”证书制度具有较高的权威性和一定的社会认可度。企业与用人单位也更倾向于吸纳基于“1+X”证书制度培养的专业人才。将“1+X”证书制度融入跨境电商应用型人才培养中，有助于拓展课程教学的广度，拓宽专业人才的职业视野，并提高学生在不同岗位上的专业素质。这一制度能够有效弥补传统应用型人才培养的结构性不足，确保跨境电商人才的培养能够凸显应用型教育的核心特色，加强专业人才培养的核心竞争力，为未来全面推进专业人才教育改革奠定坚实基础。因此，“1+X”证书制度的实施能够解决跨境电商应用型人才培养中专业技能单一的问题，促进跨境电商人才培养的全方位提升，使新时期的跨境电商人才教育更好地适应时代发展的新要求。此外，“1+X”证书制度不仅增强了对专业人才多方面潜能的挖掘，还为专业人才的就业发展提供了更全面的教育支持，使专业人才具备了专精多能的专业素养。通过这些措施，我们能够显著提高跨境电商人才培养的质量。

二、“1+X”证书制度下跨境电商应用型人才培养的导向

“1+X”证书制度对人才的专业技能培养提出了更为严格的要求。为了满足这一制度下的人才培养需求，高校必须全面规划教学，以促进人才全方位发展。同时，高校应注重于强化学生的多种专业技能，并提高课程教学的实效性。此外，简化传统专业技能培养流程，将更多教育资源投入提高专业技能培养的质量，对于培养跨境电商应用型人才至关重要。尽管传统的长期孵化教育模式能够为跨境电商应用型人才的培养提供一定的支持，但其流程烦琐和课程教学效率低下，导致教育资源的流失，不利于充分发挥“1+X”证书制度的教育优势。

---

① 徐芃.1+X 证书制度下跨境电商应用型人才培养研究 [J]. 湖北开放职业学院学报，2022，35（20）：109–111.

（一）重视跨境电商人才全能力开发

跨境电商应用型人才培养涉及专业学科的内容较为宽泛，包括平台管理、数据分析与应用、营销策划、客户服务管理及采购与物流管理等。基于“1+X”证书制度推进人才培养实践，应基于对各个不同学科教学需求及教育特点的分析，增强课程教学的针对性，结合学生的学习优势及学习薄弱项，制定科学的课程教学规划。其中，不同学科之间应做好交叉式课程教学设计，通过实现多个学科的教育联动，提升跨境电商人才的多方面专业技术能力。例如，在物流与采购管理的课程教学方面，可以适当地加入部分数据分析与应用课程，使学生能在短期内掌握数据化的物流管理技巧，提升学生对于数据信息的应用与分析能力，帮助学生从物流管理视角强化信息技术应用及数据信息管理能力。另外，注重跨境电商人才的全能力开发,要根据证书的内容及证书考核难度,做好对教育内容的优化与调整。

（二）提升专业技能培养的实效性

传统的跨境电商人才培养模式涉及的教学流程既冗长又复杂，导致学生对某些技能的掌握停留在肤浅的层面，难以有效提高他们的专业技术能力。然而，“1+X”证书制度的实施改变了这一状况，它使职业人才培养能够将技术性内容融入课程教学的实践。因此，简化教育流程、提高课程教学的效率，并确保“1+X”证书制度在多个学科中得到有效实施，成了新时期跨境电商应用型人才培养的关键。对此，高校应根据“1+X”证书制度的教育要求，简化部分基础的教育内容，重点增加具有技术性的课程教学知识，使学生强化技术内容、提升专业技能知识，为其未来能在更短时间内获得专业技能证书认证提供帮助。此外，提升专业技能培养的实效性，能促进学生对于专业知识内容的吸收与消化，避免产生知识结构混乱及知识碎片化问题，进一步实现对教学质量及教学效率的双向提高。

三、“1+X”证书制度下跨境电商应用型人才培养的困境

“1+X”证书制度在跨境电商应用型人才培养方面的运用，有利于提高职业人才的教育培养质量。但部分基础教育问题的产生仍然对“1+X”证书制度教育优势的发挥有所限制，不利于跨境电商应用型人才培养工作的稳步推进。

（一）课程教学与证书考核缺乏紧密衔接

在培养跨境电商应用型人才时，课程设置必须紧密依据“1+X”证书制度的要求，相应地调整教育策略、方案和模式。然而，一些高校在教学改革过程中，

盲目地将“1+X”证书制度应用于跨境电商人才培养，忽略了该制度的教育需求，导致学生在后期阶段难以获得证书认证，难以通过职业人才证书考核，最终使“1+X”证书制度的应用变得形式化。产生这一问题的主要原因在于课程教学与证书考核之间缺乏紧密的衔接，相关课程设置及教育内容的选择未能与“1+X”证书制度下的人才培养需求保持一致，无法发挥“1+X”证书制度在跨境电商应用型人才培养中的优势。尽管一些高校针对“1+X”证书制度优化了教育内容，但由于教育模式的滞后以及课程教学理念缺乏前瞻性，仍然未能有效运用“1+X”证书制度。

（二）跨境电商课程教学结构设置不够合理

“1+X”证书制度旨在加强学生的多方面专业技能。其核心并非单纯增加课程难度和强度，而是聚焦于那些具有实际应用价值并与未来职业岗位需求相匹配的内容，以此作为教学的重点。这样做是为了确保跨境电商领域应用型人才的培养，使他们具备更强的就业竞争力。然而，一些高校在实施“1+X”证书制度时，其课程教学结构的设置偏向加大课程难度和强度。这种做法不仅增加了学生的学习负担，还导致“1+X”证书制度难以满足跨境电商应用型人才培养的实际需求。因此，提高课程教学结构设置的合理性，从探究教育的实用价值和岗位需求出发，优化“1+X”证书制度的教学应用，才是提高跨境电商应用型人才培养质量的关键。这将为更好地发挥“1+X”证书制度的教育优势提供全面的支持。

四、“1+X”证书制度下跨境电商应用型人才培养的策略

基于“1+X”证书制度深化跨境电商应用型人才培养，需要从多个维度进行教育布局，进而确保“1+X”证书制度的全方位应用，为跨境电商应用型人才培养提供多方面教育保障，进一步强化跨境电商应用型人才培养的总体质量。

（一）深化“1+X”证书制度下跨境电商课程教学的多元化衔接

深化多元化课程教学衔接，旨在加强跨境电商应用型人才的教育培养，确保与“1+X”证书制度的课程内容和证书类型相匹配。通过有计划地安排课程教学，有效提高学生在跨境电商领域内证书考核的通过率，从而更好地满足“1+X”证书制度对跨境电商人才培养的要求。这一过程不仅涉及单一学科的教育课程改革，也需要围绕跨境电商应用型人才的培养特点，制定全面且科学的教育规划。

在实现跨学科课程教学联动的同时，还需调整教育内容和策略，以增强“1+X”证书制度下课程教学的系统性和课程衔接的紧密度。另外，深化多元化课程教学衔接，对于具备较强专业性的证书类型，必须做好对证书实用价值及教育价值的分析。高校应采取循序渐进的教育实践模式进行教育布局，保证跨境电商应用型人才培养可以面向多层面进行教学拓展和丰富教育内容，从而为后续阶段学生多种专业技能培养做好铺垫。

（二）加强人才培养的多方合作

加强人才培养的多方合作，企业、第三方认证机构以及高等教育机构进行深入的教育衔接。此举旨在协助高校清晰地界定未来跨境电商领域应用型人才的培养方向。企业能够为高校教育体系的构建提供基础性的参考意见，从而使高校能够依据企业的招聘需求，制定出符合“1+X”证书制度的教育规划。第三方证书认证机构，则可为高校提供多种不同的课程教学思路，使高校能按照跨境电商人才培养需求做好对教育方案的优化，提高高校跨境电商的应用型人才培养质量。高校可以为教师提供部分专业课程教学经验，使教师能按照“1+X”证书制度的教育路线，逐级递进地开展课程教学实践，提升课程教学质量，有效明确现有课程的教育价值。加强人才培养的多方合作，有利于形成多位一体的人才培养机制，进而在保证高校不脱离“1+X”证书教育制度的基础上，提高高校跨境电商的专业人才培养质量。

（三）建立信息化“1+X”证书制度实训中心

建立信息化实训中心，对于更好地发挥“1+X”证书制度具有推进作用。高校可以运用信息化实训平台，加强对现阶段教育资源的整合，推进课程教学实践及基础教育实训的双向互补。教师可以运用信息化实训平台，帮助学生接触具有前瞻性的专业技术。学生可利用信息化实训平台，不断弥补自身专业技能的短板。建立信息化的“1+X”证书制度实训中心，不仅能培养学生学习的自主性及良好的学习习惯，也能为教师教育资源的筛选及深化教育的对接提供帮助。另外，建立信息化实训中心，可以进一步推动“1+X”证书制度在跨境电商人才培养方面的多元化教育融合，从而增强“1+X”证书制度的教育引导能力。

（四）大力推进“1+X”证书制度的教师队伍建设

推动基于“1+X”证书制度的教师团队建设，旨在提高专业学科教师的教育实践能力。通过这一制度，教师可以从专业证书认证的角度出发，优化课程教学体系，并转变传统教育模式下对特定教育成果的单一关注。教师应将关注点转向全面掌握学生的学习动态。高校与企业之间应加强教育互动，例如，通过教师到企业挂职和企业员工到校指导等多种方式，以丰富教师在"1+X"证书制度下的教学经验，并扩展教学内容。教师在确保专业学科教学质量的同时，能够进一步充实课程教学体系，为"1+X"证书制度在后续阶段的有效实施打下坚实的教育基础。除此之外，围绕"1+X"证书制度加强教师队伍的建设，基于对内部教育环境的优化，改变当前课程教学策略，帮助教师从更高维度推进课程教学实践，提升"1+X"证书制度视角下的跨境电商应用型人才培养质量。

（五）健全 1+X 证书制度下的教学考核机制

为满足"1+X"证书制度对人才培养的需求，对跨境电商课程的教学和考核机制进行优化，将有助于显著提升课程的教学品质。因此，高等教育机构应当根据"1+X"证书制度中各类证书的级别进行调整，制定与证书认证难度和考取难度相匹配的教学考核方案；尽量依据证书认证要求和专业技能证书考核内容，调整不同阶段的人才培养考核规划，确保以"1+X"证书制度为依托，构建更完善的教学考核体系。在这一过程中，应对教师的绩效考核和学生的成绩考核策略应进行细致的优化。教师绩效考核应以学生证书考核的通过率为基本评价指标，而学生学习成绩的评估则应侧重专业技能的熟练程度和实际应用能力，以确保在"1+X"证书制度框架下的跨境电商课程教学考核能够更全面地满足职业人才培养的多样化需求。

综上所述，"1+X"证书制度在跨境电商应用型人才培养方面的运用，使跨境电商应用型人才培养可以充分满足未来企业用人需求，进一步实现跨境电商应用型人才培养的多位一体的稳步发展，强化跨境电商应用型人才的职业素养及专业技术能力。

第三节　基于校企联盟的跨境电商人才培养路径探索

随着全球化的深入发展和电子商务技术的快速发展，跨境电商在近年来得到了迅猛的发展。跨境电商打破了传统贸易模式的地域限制，使消费者可以更便捷地购买到来自世界各地的产品，同时也为企业提供了更广阔的市场和更多的机会。

一、校企联盟视角下跨境电商人才培养的现实意义

（一）有助于提升学生的实践能力

校企联盟模式促进了学生与学校及企业的紧密联系。在这种模式下，学校负责提供基础知识的传授，而企业则提供实践机会和实际操作经验。通过校企合作，学生能够更深入地理解跨境电商行业的实际运作、市场需求以及相关政策法规，从而提升实践技能和问题解决能力。同时，学生在参与校企合作的过程中，有机会结识行业内的专业人士，构建人脉网络，为将来的就业和职业发展奠定坚实基础。此外，校企联盟的实施让学生能够接触到课本之外的知识，帮助他们自主认识到学习这些知识的价值和目的，进而积极主动地投入学习。综上所述，校企联盟对于提高学生的实践技能和激发学习兴趣具有积极作用。

（二）有助于推动教学改革

通过与企业的合作，学校能够更深入地掌握跨境电商行业的最新动态、技术需求以及职位要求。基于企业的用人需求，学校可以调整课程设置，更新教学内容，使教学内容更贴合行业实际，从而培养出更适应市场需求的专业人才。同时，校企合作为教师提供了丰富的行业资源和实践平台，这不仅能够激发教师的教学热情和创新思维，还能帮助他们更好地吸收行业的前沿知识和技能，进而提高教学质量和专业水平。此外，校企合作模式为学生提供了更多的实践和实习机会，使他们能够在真实的工作环境中学习和应用所学知识，增强解决问题的能力和实践技能。这种模式不仅有助于提高学生在跨境电商上的实战能力，还能激发他们的学习兴趣和创新潜能，推动教学改革的进一步发展。

（三）有助于人才资源扩充

通过与企业合作开展人才培养项目，学校可以更好地了解企业对于跨境电商领域人才的需求，根据企业实际岗位需求调整课程设置，培养更符合市场需求的人才。同时，企业也能够通过与学校合作，发现优秀人才并进行人才储备，进而扩充自身的人才资源。校企联盟有利于培养更多具备跨境电商专业技能和实战经验的人才，同时也为企业提供了更多的优秀人才。因此，校企联盟视角下，做好跨境电商人才培养，有利于扩充人才资源，满足市场需求。

二、校企联盟视角下跨境电商人才培养的困境

（一）学生积极性偏低

学生对跨境电商课程或项目往往缺乏热情和兴趣，缺少自我驱动，也不愿参与课堂讨论或团队合作。同时，他们对跨境电商行业的发展前景和就业机会认识不足，缺乏对该行业的认同感和职业规划意识。部分学生也表现出缺乏学习和实践的内在动力，无法有效管理自己的学习和项目进度，缺少明确的目标和奋斗的动力。此外，随着跨境电商行业技术和模式的快速演进，一些学生面临挑战和压力，这可能导致抵触情绪，进而影响他们的学习积极性。例如，许多学生认为跨境电商行业发展迅速，他们所学的知识在实践中不够用，甚至觉得学习这些知识是在浪费时间和精力，因此产生了放弃的念头。这也反映出学生对跨境电商行业尚未形成正确的认识，需要进一步的指导和引导。

（二）教学目标不够清晰

不清晰的教学目标会引发一系列问题，包括学生不清楚学习的方向、缺乏学习的积极性以及难以准确衡量学习成效。学生对课程的具体目标和预期成果缺乏了解，导致他们缺少明确的学习方向和目标导向。此外，教学内容和实践活动与培养跨境电商人才的实际需求相脱节，使学生难以把握课程的实际意义和应用价值。学生对跨境电商行业的认识和理解不足，难以将所学内容与实际业务需求相融合。同时，教学中缺乏实践导向和应用能力的培养，导致学习内容过于理论化，缺少真实案例的分析和操作实践。

（三）企业顾虑偏多

在校企联盟视角下开展跨境电商人才培养时，首先企业可能会有一些顾虑，例如，担心学生在培训结束后不能很好地将所学知识应用到实际工作中，培训效果难以评估。其次，跨境电商行业具有一定的风险性，企业担心学生在培训过程中无法有效掌握风险管理技能，会带来潜在风险。如由于学生年龄小，责任心差，如果受到客户的刁难，很容易与客户发生争吵，损害企业形象。很多企业也出于这些考虑，不愿与学校建立合作关系。再次，企业也担心学生在培训结束后不清楚自己的职业发展方向，无法胜任未来岗位。如很多学生在培训中抱着试一试的心态，态度不认真，在培训结束后便不再关心培训结果与岗位需求。又次，企业

参与跨境电商人才培养时，需要投入一定的人力、物力和财力，但又担心投入产出比不理想。最后，当前校企合作模式缺乏科学、客观的评价体系，无法准确评估学生的能力和潜力，导致培养效果不佳。有些校企合作只停留在表面合作，缺乏深度合作，难以实现双方优势互补和资源共享，这也是影响跨境电商人才培养的主要问题之一。

三、校企联盟视角下跨境电商人才培养的路径

（一）不断调动学生学习的积极性

在校企联盟视角下做好跨境电商人才培养，调动学生学习积极性是关键。教师首先应了解学生的个性特点和学习习惯，为学生提供个性化的学习引导和支持，激发其学习兴趣。任何年龄段的学生都喜欢趣味性较强的知识。因此，在实际教学中，教师可将跨境电商知识以趣味性的形式呈现出来，如引入角色扮演，将跨境电商中常见的问题引入课堂中，鼓励学生根据自身对问题的理解提出解决办法。[①] 其次，由于很多学生喜欢被激励，所以在实际教学中可采用建立奖学金、荣誉称号等奖励机制，激励学生积极参与跨境电商人才培养项目并表现出色。对于在学习中进步较大、较为努力的学生可以给予他们必要的精神奖励与物质奖励，以调动学生学习积极性。最后，为学生提供更多的实践机会，让他们在实际项目中积累经验，提高实践能力和解决问题的能力。如通过举办创客比赛、讲座等活动，激发学生的创新思维和实践能力，提升其对跨境电商行业的认同感。

（二）加快打造“双师型”教师队伍

打造“双师型”教师队伍是校企联盟模式下跨境电商人才培养的关键策略。这一策略的核心在于融合企业的真实需求与学校的学术知识，以培养出既有实践经验又具备教学能力的教师，进而提高教学品质和人才培养的成效。首先，我们应为教师提供专业的跨境电商培训课程和实践机会，使他们能够掌握行业最新动态和需求，从而增强教学内容的相关性和实用性。同时，通过建立健全校企合作机制，教师可以深入参与企业的项目研究和实践活动，与企业团队合作解决实际问题，这将有助于提升教师的实践技能和行业经验。

其次，鼓励教师参与跨境电商领域的行业认证考试和实践项目，提高他们在行

① 杜卓彧.跨境电商人才培养的校企合作路径创新与实践研究[J].商展经济，2022，（12）：108=110.

业内的知名度和专业认可度，为教学工作带来更多的实践案例和经验积累。同时，建立一个完善的师资培训体系，定期举办教学能力提升培训和学术研讨会，有助于提高教师的教学技巧和团队合作能力，使他们能够满足教学需求。在校企联盟模式下，学校与企业应共同确定教学目标，并确保这些目标能够传达给教师，以便教师能够依据这些目标来设计教学内容和教学计划，确保教学活动具有实际意义。

最后，建立科学的评价体系，定期对"双师型"教师队伍进行评估，并根据教学成果和实践能力给予相应的奖励，以激发教师的教学热情和创新能力。在评估教师队伍时，除专家的视角外，还应重视学生的反馈，鼓励学生参与教师评价过程。

（三）注重校企联盟实训平台建设

在校企联盟视角下，建设跨境电商人才培养的实训平台至关重要。它可以为学生提供实践经验、行业认可和就业机会。具体可从以下几方面入手。

第一，与跨境电商企业建立合作关系，共同参与实训平台的建设和运营。企业提供实际项目、数据支持和行业资源。学校提供教学指导、教学资源和学生参与。同时，结合企业实际需求和业务模式，设计实践性强的课程项目，让学生在实训平台上进行实际操作和模拟项目，提升他们的实践能力和解决问题的能力。

第二，建设虚拟实验室和在线实训平台，为学生提供在线学习和实践的机会，让他们通过模拟项目和虚拟案例，了解跨境电商行业的操作流程和实际挑战。

第三，为学生配备导师指导，提供实时帮助和反馈，指导他们解决实际项目中遇到的问题。建立完善的评估机制，评定学生在实训平台上的表现。

第四，定期举行实训成果展示和宣讲活动，邀请企业代表参与评审和交流，让学生展示实训成果和专业能力，增强他们与企业的联系和就业竞争力。

（四）积极创新合作培养模式

在校企联盟视角下，创新合作培养模式对于跨境电商人才的培养也至关重要。为做好人才培养，跨境电商企业可派驻专业人员到学校，与教师共同开展课程设计、教学实践和学生指导，实现企业与学校的深度融合。与跨境电商企业合作，共建实训基地，学生可以在实训基地中完成实践项目、模拟营销活动和实际业务操作，接触行业内最先进的技术和运营模式。邀请跨境电商行业的专家和企业高管作为客座讲师，给学生讲授最新的行业知识和实践经验，搭建学生与企业之间的桥梁。鼓励学生将自己在学习与实践中遇到的问题主动反馈给专家和企业，以获取最优质的解决办法。同时，共同开展跨境电商领域的研究项目，促进学术研究与实践经验的结合，为学生提供更丰富的学习资源和实践机会，建立校企人才交流平台，促进学生、教师和企业之间的交流与合作，为学生提供更广阔的就业机会和职业发展空间。比如，构建线上交流平台，在该平台中学生可以自由提问，教师回答问题，企业相关工作人员也可及时发布最新行业动态信息，帮助学生与教师掌握最新资料，为学生学习奠定基础。

综上所述，校企联盟视角下的跨境电商人才培养路径研究具有重要的意义和价值。学校与企业之间的密切合作、协同努力，为培养具备实践能力和创新精神的跨境电商人才提供了强大的支撑和保障。校企合作的模式为学生提供了更多实践机会和行业经验，帮助他们更好地适应跨境电商行业的需求，并增强他们的就业竞争力。学校的教育资源与企业的实践经验相结合，为学生提供了更全面、更实用的学习路径，有助于他们更好地融入跨境电商行业并取得更好的发展。未来，应继续加强学校与企业之间的合作，深化校企联盟的内涵和外延，共同探索更具创新性和适应性的人才培养路径。只有通过不断创新和合作，才能为跨境电商人才的培养提供更广阔的空间和更有力的支持，才能推动跨境电商行业的稳健发展和壮大。

第四节　数字经济时代跨境电商人才培养的创新实践

一、数字经济时代跨境电商人才素质的基本要求

在数字经济的时代背景下，跨境电商人才素质的基本要求不仅涵盖传统的职业素养、专业技能与综合能力，还需深度融合数字技术的最新发展与应用，以适应快速变化的国际市场环境和消费者需求。

（一）数字素养与职业道德

在数字经济时代，跨境电商人才首先需具备高度的数字敏感度和应用能力，能够熟练运用云计算、大数据、人工智能等前沿技术进行信息处理和决策支持。同时，他们应严格遵守数据保护与隐私，如《通用数据保护条例》等国际规范，确保在全球化业务中维护用户数据安全，展现良好的网络伦理和职业道德。

（二）数字化专业技能

除了精通外语和国际贸易规则，跨境电商人才还需掌握数字化营销与品牌建设能力，包括利用搜索引擎优化、搜索引擎营销、社交媒体营销（如 TikTok、Instagram 等）、内容营销等手段，精准触及目标市场。此外，他们应熟悉跨境电商平台的智能化管理工具，如自动化客服系统、智能推荐算法等，以提高运营效率。数据分析能力在数字经济中尤为重要，需能够运用数据分析软件（如 Google Analytics、Tableau 等）深度挖掘用户行为数据，预测市场趋势，优化产品组合和营销策略。

（三）创新与跨文化综合能力

在数字经济推动下，跨境电商面临更加激烈的竞争和快速变化的市场，因此，人才需具备强烈的创新意识和创新能力，不断探索新的商业模式、技术应用和市场机会。同时，跨文化交流能力也至关重要，要能够理解并尊重不同国家和地区的文化差异，进行有效沟通协商，解决跨国合作中的文化冲突。此外，还应具备灵活应变和快速学习的能力，紧跟数字经济时代的发展步伐，持续更新知识和技能。

二、数字经济时代跨境电商人才培养中存在的问题

（一）人才培养目标定位模糊

在跨境电商于数字经济浪潮中迅速崛起的背景下，人才培养的目标定位却显得滞后与模糊。

首先，学校的课程体系设计未能紧跟数字经济的步伐，跨境电商专业的设置往往只是对传统电子商务专业的简单延伸，缺乏对数字经济时代下跨境电商特殊需求及与新兴技术（如大数据、人工智能、区块链）的深度融合。这导致学生所学的知识与技能体系和企业的实际需求存在明显脱节，难以在毕业后迅速融入跨境电商的数字化运营环境。

其次，实习环节的安排也未能充分反映数字经济的特征。部分院校在实习安排上缺乏针对性，学生往往只是进行表面的实习体验，未能深入参与跨境电商的数字化流程与决策，如利用数据分析工具优化营销策略、运用智能客服系统提高服务效率等。这种浅尝辄止的实习经历难以让学生获得与数字经济时代跨境电商行业密切相关的实践经验。

最后，对于复合型跨境电商人才的培养目标也未能与数字经济的时代要求相匹配。在数字经济时代，跨境电商人才不仅需要具备扎实的专业知识，还需要具备数据分析、数字营销、跨文化交流等多方面的能力。然而，当前许多院校仍过于注重专业知识的传授，而忽视了对学生数字素养、创新思维和综合素质的培养，导致学生在面对复杂的跨境电商环境时缺乏应对能力和创新精神。

（二）人才培养模式亟待创新

跨境电商行业对复合型人才的需求较高，但当前的人才培养模式存在一定的不足，难以满足行业对高质量跨境电商人才的需求。

一方面，传统的教学方式在数字经济时代中显得力不从心。部分院校的跨境电商专业仍采用以理论讲授为主的教学方式，缺乏对学生实际动手能力和数字素养的培养。在数字经济时代，跨境电商行业的特征和市场需求瞬息万变，要求学生具备持续学习和快速应变的能力。

另一方面，人才培养方式的单一性制约了跨境电商人才的培养质量。部分院校的跨境电商人才培养模式仍局限于课堂教学，缺乏多样化、个性化的训练方法，如案例分析、模拟实训、项目驱动等。同时，专业教学与产业联系不够紧密，导致学生难以及时掌握产业发展趋势和市场需求，无法有效培养国际视野和跨文化交流能力。在数字经济时代，跨境电商行业要求从业者具备全球视野和跨文化沟通技能，以应对日益激烈的国际竞争，而当前的人才培养模式显然难以满足。

三、数字经济时代跨境电商人才培养的有效策略

（一）精准定位跨境电商人才培养需求

在数字经济时代，对跨境电商人才进行精准定位至关重要。为了培养适应未来市场需求的跨境电商人才，不仅要加强数字化技术训练，还需深化职业技术教育，确保人才具备必要的技能和素质。

首先，优化课程设置是关键。学校应坚持“理论联系实际”的原则，将跨境电子商务理论与实务、国际商务函电等核心课程纳入专业课程体系，并新增在线广交会电子商务、电子商务案例等课程。这些课程需与传统课程进行有机整合，形成一套全面而系统的“跨境电商”课程，以确保学生获得全面且实用的跨境电商知识和技能。

其次，注重教学材料的编写。教学材料应反映学校特色与地域需求，包括理论教材和实验教材两部分。这些材料不仅要涵盖跨境电商的基础知识和最新动态，还应融入地域特色和行业案例，以培养学生的实际操作能力和市场洞察力。

最后，在安排学生实习时，需注重与企业实际需求相衔接。企业既需要处理中小型企业的小额订单，也可能面临海外大客户的大额订单。因此，学校可以开设细分学科的专门课程，使学生具备更为专业的协商技巧，以适应不同规模和需求的订单。这有利于学生能够更好地参与实践，提升自身专业能力。

（二）不断创新跨境电商人才培养模式

1. 加快推动产教融合，提高跨境电商人才培养质量

在数字经济蓬勃发展的背景下，产教融合作为提高跨境电商人才培养质量的关键路径，其重要性愈发凸显。产教融合在要求学校与企业深化合作，实现教育链、人才链与产业链、创新链有机衔接的同时，更是紧跟数字经济的步伐，将数字化技术、思维和工具融入人才培养的全过程。[①]

产教融合应聚焦于数字经济时代跨境电商行业的实际需求，通过校企合作平台，让学生得以在真实或模拟的跨境电商环境中进行实践学习。这不仅能够加深学生对跨境电商业务流程的理解，还能促使他们运用大数据、人工智能等数字技术优化营销策略、提升客户体验，从而培养出既懂业务又懂技术的复合型人才。

在课程设置上，需紧密围绕数字经济时代跨境电商的核心能力进行构建。除了传统的市场推广、交流技巧和外语能力，还应增设数据分析、数字营销、跨境电商平台运营等前沿课程，以“精准育人跨境电商”为理念，打造涵盖公共基础课、专业拓展课、专业选修课及实践课程的完整课程体系。特别是要开设具有行业针对性的选修专业课程，如跨境电商数据分析、跨境支付与风险管理等，以增强学生的岗位迁移能力和可持续发展能力。

此外，为了提升学生的跨境交流能力和创新创业能力，应深入调研数字经济时代跨境电商企业的生产和运营岗位需求，明确各岗位的工作范围和专业能力要求。在课程设计与实施中，要注重理论与实践的深度融合，通过跨境电商项目实战、店铺经营模拟、直播带货等实践环节，让学生在“做中学、学中做”，不断提升其职业素养、技能水平和创新能力。同时，课程评估也应引入实践成果评价，

① 张军成．论数字经济时代跨境电商人才素质要求与培养策略 [J]. 中国经贸导刊，2024（12）：193=195.

把学生在实践中的表现作为检验教学效果的重要依据，从而确保人才培养质量符合数字经济时代跨境电商行业的实际需求。

2. 竞赛与教学紧密结合

将竞赛与教学紧密结合，是激发学生学习热情、提升实践能力和创新精神的有效途径。赛教融合不仅能促使学生深入探究跨境电商行业专业知识与实践项目，还能紧密结合产业前沿技术和市场趋势，全面提升学生的职业素养和竞争力。

学校应充分利用职业技能大赛或与数字经济、跨境电商紧密相关的赛事，如跨境电商技能大赛、电子商务创新大赛、全国“互联网+”大学生创新创业大赛等平台。这些竞赛内容紧密贴合数字经济时代的行业规范和先进科技趋势，如大数据分析、人工智能应用、区块链技术等，具有实用性和前瞻性。将竞赛成果转化为教学资源，实现以赛促教、以赛促学。通过深入研究各级职业技能大赛的参赛要求、竞赛章程和评奖标准，提炼出关键知识点和技能要求，并将其巧妙地融入日常教学。同时，积极开发适应数字经济时代学生专业技能培养的教材，使教材内容更加贴近实际，更具针对性和实用性，从而激发学生的学习兴趣和创新精神。在实际操作中，应组织多层次、多形式的竞赛活动，如院级、校级、省级乃至国家级的跨境电商职业技能大赛和创新创业大赛，并将其与跨境电商运营、跨境电商海外营销等相关课程紧密结合。学生在参与竞赛的过程中，可以深化对理论知识的理解，提升实践操作的技能，实现学习与竞赛的无缝对接。鼓励学生组建“创新团队”，在“赛”与“学”的结合中，进一步探索“赛”与“创”相结合的新途径，如开展跨境电商创新项目、参与数字经济领域的创业实践等。通过竞赛与教学的紧密结合，不仅可以提高学生的参与度，培养他们的团队协作和问题解决能力，还能激发他们的创新思维和创业精神，为数字经济时代跨境电商人才的培养注入新的活力。这种教学模式下培养出的人才，将更具备实践能力和创新精神，能够更好地适应数字经济时代跨境电商行业的快速发展和变化。

3. 在学校教育中加强课证融合

该模式不仅有助于学生加深对自身专业知识和技能的认知，更能激发他们对相关职业技能等级证书进行深入理解与研究的热情。具体而言，应将跨境 B2C 数据运营认证、跨境电商 B2B 数据运营认证等专业资格与教学规范进行精准对接，以确保人才培养的标准与产业发展的实际需求相吻合。以“1+X”网上商店经营推广认证为例，应针对当前跨境电商行业对人才技能的需求，将跨境电商B2B数据运营的教学内容与中级职业资格认证中的新趋势、新技术和新思维紧密结合。在教学过程中，要注重证书的能力测试，确保学生能够真正掌握并应用所学知识，成功获得“跨境电子商务B2B数据运营”的技术认证。同时，创新地建立班级小组指导系统，学生可以相互帮助、相互指导、相互评价，甚至可以对教师的教学方法进行评估并给出建议。另外，通过团队竞赛等活动，不仅可以提高学生的学习兴趣和实践技能，还能够强化其知识储备和应对问题的能力。这种互动式学习极大地提升了学生对获取认证资格的热情，进一步满足了跨境电商产业发展对人才的需求。

总之，为了有效培养跨境电商人才，需精准定位其培养需求，采取产教融合、赛教融合、课证融合的模式，以培养更多复合型人才，有效推动跨境电商行业的健康发展。

参考文献

一、著作类

[1] 曹春花，孟彧．跨境电商运营实务 [M]. 武汉：华中科技大学出版社，2020.

[2] 丁滟湫，童宏祥．跨境电商实务 [M]. 上海：上海财经大学出版社，2023.

[3] 杜鹃，王冰，蔡君如．跨境电商运营 [M]. 成都：电子科技大学出版社，2020.

[4] 黄艳．产教融合的研究与实践 [M]. 北京：北京理工大学出版社，2019.

[5] 孙东亮．跨境电子商务 [M]. 北京：北京邮电大学出版社，2018.

二、期刊类

[1] 程思静，裴雨．中国跨境电商现状及发展对策分析 [J]. 投资与创业，2022，33（15）：41–43.

[2] 董志尚．中国跨境电商发展现状及优势分析 [J]. 中国市场，2015（50）：84+90.

[3] 杜卓彧．跨境电商人才培养的校企合作路径创新与实践研究 [J]. 商展经济，2022（12）：108–110.

[4] 冯萍萍．跨境电商软件在跨境电商课程教学中的应用研究 [J]. 安徽警官职业学院学报，2023，22（3）：98–101.

[5] 关浩杰．基于 OBE 理念的跨境电商课程教学改革研究 [J]. 河南教育（高教），2020（9）：38–40.

[6] 郭占锋．中国跨境电商发展现状分析 [J]. 中国集体经济，2017（04）：80–81.

[7] 黄亚萍，唐夏韵．基于产教融合的高职跨境电商校内实训基地建设研究与实践 [J]. 中小企业管理与科技（上旬刊），2019（12）：111–112.

[8] 黄张送．我国跨境电商发展现状、困境和解决策略研究 [J]. 山东农业工程学院学报，2019，36（12）：35–36.

[9] 雷云．基于工作场景的分阶晋级式高职跨境电商实践教学模式研究 [J]. 中国

多媒体与网络教学学报（中旬刊），2022（8）：98–101.
[10] 李林芝 . 我国跨境电商发展现状与策略分析 [J]. 老字号品牌营销，2020（8）：73–74.
[11] 梁慧仪 . 基于应用型人才培养的跨境电子商务教学实践研究 [J]. 吉林农业科技学院学报，2021，30（3）：103–106.
[12] 林云芳 .1+X 证书制度下跨境电商应用型人才培养研究 [J]. 商场现代化，2024（14）：33–35.
[13] 刘莹 . 新时期我国跨境电商人才需求及培养模式探析 [J]. 昆明冶金高等专科学校学报，2024，40（3）：13–18.
[14] 龙雨，左向山，刘加林 . 基于校企联盟的跨境电商人才培养路径研究 [J]. 公关世界，2024（12）：53–55.
[15] 彭明程. 校企同频共振的跨境电商课程教学模式探索[J]. 科教导刊，2023（19）：80–83.
[16] 邵海燕 . 以“学生为中心”的跨境电商课程混合式教学模式研究 [J]. 对外经贸，2024（2）：145–148.
[17] 申作光 . 跨境电商物流人才培养质量提升对策研究 [J]. 中国航务周刊，2024（26）：84–86.
[18] 孙晓冬 . 基于工作过程的跨境电商专业课程体系建设探讨 [J]. 高教论坛，2022（3）：53–56.
[19] 谢晨 . 跨境电商物流专业人才培养质量提升对策研究 [J]. 物流科技，2024，47（8）：168–171.
[20] 徐芃 .1+X 证书制度下跨境电商应用型人才培养研究 [J]. 湖北开放职业学院学报，2022，35（20）：109–111.
[21] 颜谢霞 . 我国跨境电商国际物流管理模式及优化 [J]. 齐齐哈尔大学学报（哲学社会科学版），2017（9）：61–63.
[22] 杨文 . 我国跨境电商发展现状与策略分析 [J]. 营销界，2020（25）：55–56.
[23] 余敏 . 基于工作过程的跨境电商专业课程体系建设研究 [J]. 当代职业教育，2016（12）：47–50.
[24] 张军成 . 论数字经济时代跨境电商人才素质要求与培养策略 [J]. 中国经贸导刊，2024（12）：193–195.
[25] 周军，罗忠丽 . 跨境电商平台实训课程专创融合教学模式探究 [J]. 高教学刊，2023，9（19）：76–79.

[26] 周子善 ."三教"改革背景下高素质复合型跨境电商人才培养路径研究 [J]. 科教文汇，2024（6）：156–159.

[27] 左瑞瑞 . 高职跨境电商课程实践教学体系构建探索 [J]. 对外经贸，2021（7）：152–154.